# ZWISCHEN HÖLLE UND HIMMEL

## Mein Leben als Manisch-Depressiver

Kevin Hauser

novum pro

Bibliografische Information
der Deutschen Nationalbibliothek:

Die Deutsche Nationalbibliothek
verzeichnet diese Publikation in
der Deutschen Nationalbibliografie.
Detaillierte bibliografische Daten
sind im Internet über
http://www.d-nb.de abrufbar.

Alle Rechte der Verbreitung,
auch durch Film, Funk und Fernsehen,
fotomechanische Wiedergabe,
Tonträger, elektronische Datenträger
und auszugsweisen Nachdruck,
sind vorbehalten.

© 2015 novum Verlag

ISBN 978-3-99048-022-9
Lektorat: Mag. Barbara Büchel
Umschlagfoto: Kevin Hauser
Umschlaggestaltung, Layout & Satz:
novum Verlag

Gedruckt in der Europäischen Union
auf umweltfreundlichem, chlor- und
säurefrei gebleichtem Papier.

**www.novumverlag.com**

Immer ist die wichtigste Stunde die gegenwärtige.
Immer ist der wichtigste Mensch,
der dir gerade gegenüber steht.
Immer ist die wichtigste Tat die Liebe.
(Meister Eckhart, 1260–1327)

# EINLEITUNG

Ich kenne und begleite Kevin Hauser seit sehr vielen Jahren. Die meisten seiner schwierigen und teilweise unglaublich belastenden Erfahrungen habe ich aus nächster Nähe miterlebt.

Seinen Erzählungen zuhörend, sagte ich Kevin vor einigen Monaten, er solle doch seine Lebensgeschichte aufschreiben. Einige Wochen später erzählt er mir, er habe das Manuskript seinem Freund zum Lesen gegeben. Dieser habe, obwohl er als Nachbarskind Kevins Geschichte schon kannte, das Gelesene sehr spannend und teilweise genial gefunden. Ich konnte es kaum glauben, er hatte sich tatsächlich während einiger Ferientage hingesetzt und seine Geschichte einfach aufgeschrieben.

Es lohnt sich tatsächlich sehr, all diese Geschehnisse und Situationen aus erster Hand, nämlich dem tatsächlichen Erleben eines Betroffenen, geprägten und gebeutelten „Manisch-Depressiven" zu erfahren. Als Folge habe ich viel über die Krankheit und die Auswirkungen auf seine Geschwister, seinen Arbeitsplatz, seine Freunde und auf alle, die ihn begleiteten oder ihm geholfen haben, gelernt.
    Nun einmal zu erfahren, wie ein Betroffener seine Krisen und wie er darin seine Umwelt erlebt, hat mich tief berührt.

Kevin beschreibt seine Erlebnisse auf klare und reduzierte Weise und ohne zu jammern. Das macht diese kleine Geschichte spannend und einfach zum Lesen bis zum Schluss. In Wahrheit habe ich mehr als einmal während seiner „Schübe" nicht mehr an eine mögliche Erholung geglaubt.

So traf ich ihn zum Beispiel in Spanien, dem Tode nahe, in der Psychiatrischen Klinik an, er atmete kaum noch, war natürlich nicht mehr ansprechbar und ohne jede Regung. Er hatte wohl

Widerstand geleistet, und so wurde er mit seinem großen, starken Körper *übersediert*. Ich dachte, dass er jetzt sterben würde. Nach meiner Intervention bei der Abteilungsleitung erhielt er eine Spritze, die ihn wieder beleben sollte. Dies geschah dann wirklich. Innerhalb einer Viertelstunde war er unglaublich manisch, schrie herum und schmiss Nachttische an die Wände des Großraums. Ein paar Tage später konnte er dann von der Rega abgeholt werden und ich selbst fuhr sein Auto nach Hause in die Schweiz.

Hätte ich dies alles nicht selbst miterlebt, würde ich eine solche Geschichte, auch eine solch extreme Wirkung von Medikamenten, nicht für möglich halten.

Ich freue mich von Herzen, dass es Kevin nun seit Jahren besser geht, wissend, dass das Gespenst dieser Krankheit nach wie vor und wahrscheinlich sein ganzes Leben lang in der Nähe herumgeistert. Sein Leben bleibt geprägt von dieser Tatsache.

Alle, die Kevin kennen, mögen ihn und seinen charmanten, freundlichen Umgang mit seiner Familie und seinen Freunden und Kollegen am Arbeitsplatz. Es hoffen alle für ihn, dass sich sein Wunsch, gesund zu bleiben, als Anerkennung all seiner Anstrengungen erfüllt.

Paula Keller

# 1. KAPITEL

An einem warmen Spätsommertag erblickte ich das Licht der Welt. Ich wurde in eine liebevolle kleine Familie geboren. Eine Schwester war schon da. Und eine zweite folgte ein gutes Jahr später. Anfangs – im Kleinkinderalter – war unsere Familie intakt und meine Startbedingungen waren vielversprechend.

Wir wohnten damals in einem kleinen Quartier, umgeben von saftigen Wiesen. Inmitten lag ein Weiher, der im Sommer von Schilf umsäumt war. Im Winter wurde er von den Erwachsenen gestaut, sodass man Schlittschuh laufen konnte. Die Leute kamen von der näheren Umgebung, um diesem Vergnügen zu frönen. Auch ich besaß Schlittschuhe, mit denen ich unzählige Runden gedreht habe. Auf einem Hügel in unmittelbarer Nähe stand ein Reservoir. In der kalten Jahreszeit wurde dort – zur Freude von Groß und Klein – ein kleiner Skilift betrieben.

Im nahegelegenen Wald verbrachten wir einen großen Teil unserer Freizeit. Wir bauten eine Baumhütte und wir schwangen uns mit den Lianen weit über dem Boden in die Höhe. Wir alle hatten aber Respekt vor einer imaginären Bande, die in diesem Dickicht anscheinend ihr Unwesen trieb.

Um aufzuwachsen, kann ich mir noch heute keinen schöneren Ort vorstellen. Jede Spielmöglichkeit und überhaupt alles, was sich ein Kind wünscht, war in unmittelbarer Nähe.

Als ich acht Jahre alt war, begann mein Vater zu trinken. Gleichzeitig wurde er krank. Schlagartig war meine wohlbehütete Kindheit vorbei. Nun folgten Jahre der Angst, des Terrors und der Schmerzen. Während mein Vater regelmäßig meine Mutter schlug, verschonte er indes uns Kinder. Bis auf das eine Mal, als ich mich zwischen meine Eltern stellte, um meine Mutter zu schützen. Da traf mich seine Faust mitten im Gesicht.

Meine Schwestern und ich waren eine eingeschworene Gemeinschaft. Wir hielten zusammen. Und wir hielten zu Mutter, die ich Zeit ihres Lebens geliebt und verehrt habe. Für meinen

Vater habe ich jahrelang gebetet. Inzwischen aber drohte unsere Familie auseinanderzufallen. Ich habe sehr gelitten!

Als ich zehn Jahre alt war, wurde mein Bruder geboren. Und zwei Jahre später noch ein Bruder. Beide sind nicht mit uns aufgewachsen.

In dieser Zeit wurde ich vom Pfarrer gefragt, ob ich mich in den Dienst der Kirche stellen möchte. So wurde ich für drei Jahre Ministrant. Dies war eine gute Zeit für mich. Ich hörte etwas über Jesus und fühlte mich aufgehoben und geborgen wie in einer großen Familie. Da wir Ministranten auch an Beerdigungen dienten, wurde ich durch dieses Ehrenamt schon früh mit dem Tod konfrontiert. Die erfreulicheren Anlässe waren die Hochzeiten und da war ich gerne mit dabei.

In der Schule fühlte ich mich recht wohl. Ins Zeugnis der ersten Primarklasse schrieb die damalige Lehrerin: „Kevin hat keine Mühe, mit dem Dargebotenen fertig zu werden. Während er im Schriftlichen überaus sicher und selbstbewusst ist, hält er sich im Mündlichen eher zurück. Schuld daran wird sein ‚S'-Fehler sein." Bei dem von der Lehrerin vermerkten Sprachfehler handelte es sich allerdings um mangelndes Selbstvertrauen. Denn vor versammelter Klasse etwas vorzulesen oder meine Meinung zu äußern, erwies sich als überaus schwierig für mich und bereitete mir jedes Mal einiges Kopfzerbrechen. Unsicherheit war mein ständiger Begleiter. Trotzdem brachte ich immer ausgezeichnete Zeugnisse nach Hause.

Mein Vater jedoch zeigte nie eine Reaktion. Die anerkennenden Worte – die ich mir so sehr gewünscht hätte und die mir viel bedeutet hätten – blieben aus. Vom Lernen aber hielt mich nichts und niemand ab.

Seit mein Vater mit dem Trinken begonnen hatte, ging ich immer angsterfüllt zur Schule. Er hatte schon mehrere Unfälle mit seinem Motorrad gehabt.

Meine Mutter verrichtete Reinigungsarbeiten und ermöglichte uns somit Annehmlichkeiten, die mir aus heutiger Sicht zwar sehr bescheiden vorkommen, die ihr aber bestimmt einige Opfer abverlangt hatten.

Eines Tages feierte meine Heimatstadt ein großes Jubiläum. An der Tombola setzte ich einen Franken ein und gewann ein Transistorradio. Voller Stolz ging ich nach Hause, um die Errungenschaft meinem Vater zu zeigen. Ich hoffte auf seine Anerkennung und dachte, er würde sich mit mir freuen. Doch er hob seine Faust und zerschlug mein Radio in seine Einzelteile. In diesem Moment ist ein Teil von mir abgestorben und die ohnehin schwache Beziehung zu ihm wurde noch gestörter.

## 2. KAPITEL

Mein bester Freund war Pascal. Er wohnte im selben Haus und war zwei Jahre älter als ich. Pascal hatte alles, was mir fehlte: eine intakte Familie, ein eigenes Zimmer unter dem Dach, Spielsachen zuhauf und einen Hund. Fast etwas neidisch beobachtete ich, dass sein Vater die Freizeit oft und gerne mit seinen Kindern verbrachte und viel mit ihnen unternahm. Vor allem aber war der Tisch der Nachbarsfamilie immer reichlich gedeckt, sodass alle satt wurden. Die Familie von Pascal wurde zu meinem Zufluchtsort. Gerne und häufig verweilte ich dort, oft auch während mein Vater, der immer aggressiver wurde und die meiste Zeit betrunken war, unsere Wohnung demolierte. Unter welcher Krankheit er litt, wusste ich damals noch nicht. Auch ahnte ich nicht, welche große Bedeutung sie einst für mich selber haben sollte.

Wieder wurde es Weihnachten. Für mich immer eine schwierige Zeit. Nicht nur, weil wir keine Geschenke bekamen, sondern weil mein Vater wieder zuviel getrunken hatte. Nichtsdestotrotz schmückten wir Kinder den Weihnachtsbaum, derweil Mutter etwas Feines kochte. Nach dem Essen versammelten wir uns im Wohnzimmer, ein Zimmer, das wir Kinder sonst nicht betreten durften. Wir versuchten Weihnachtsstimmung aufkommen zu lassen. Dann, als mein Vater in einem plötzlichen Anflug von Aggression den Baum packte und ihn durchs geschlossene Fenster warf, verstand ich die Welt nicht mehr und wusste nicht, wie mir geschah. Weihnachten nahm ein jähes Ende.

Es war an einem Montagmorgen desselben Winters, als ich aufwachte, weil meine Mutter fürchterlich weinte. Sie stand im Korridor, in den Händen ihr Wintermantel. Das Futter war herausgerissen und beide Ärmel herausgetrennt. Sofort erkannte ich den Übeltäter dieses Werkes. „Warum um Himmelswillen ruiniert mein Vater auch noch die einzige Winterbekleidung meiner Mutter?", die sie, wie ich wusste, dringend für ihre Arbeit benötigte.

All diese Jahre flüchteten meine Schwestern, meine Mutter und ich jeweils am Wochenende zu meiner Großmutter. Bei ihr gefiel es mir. Sie lebte allein auf einem ehemaligen Bauernhof und hatte Hühner. Mein Grosi hat ausgezeichnet gekocht. Ich liebte ihre Knöpfli mit einem Stück Fleisch, etwas, das wir zu Hause nie bekamen. Sie war die Güte und die Zufriedenheit in Person. Noch heute erfüllt mich tiefe Dankbarkeit, wenn ich die Familie meiner Mutter beobachte. Ich glaube, dass ich vor allem von dieser Seite meine gesunden Anteile bekommen habe.

Bevor wir jeweils wieder nach Hause zurückkehrten, bekam ich große Angst. Ich nehme an, dass es meinen beiden Schwestern Ursula und Karin ähnlich erging. Unsere Mutter ließ sich nichts anmerken, sie war immer sehr tapfer. Nur wenn wir zu Hause eintrafen und die Lebensmittel aufgegessen waren, die noch für ein paar Tage hätten reichen sollen, weinte sie bitterlich. Um uns ernähren zu können, musste sie oft um Geld betteln. In diesen Jahren habe ich manchmal Hunger gehabt.

Trotzdem habe ich immer für meinen Vater gebetet. Ich stellte mir vor, mit achtzehn Jahren alles zu verstehen. Bis dahin sollte der liebe Gott doch bitte dafür sorgen, dass nichts Schlimmes passiere.

Es war die Zeit, wo uns ab und zu die Polizei besuchte, während Ursula, Karin und ich bei den Nachbarn auf dem Sofa saßen und weinten.

Auch der Pfarrer ermahnte meine Eltern mehrmals. Damals hatte die Kirche noch Einfluss, doch bei uns veränderte sich nichts, im Gegenteil. Vater wurde immer hartherziger, gewalttätiger und kränker.

Wenigstens hatte ich noch Pascal und seine Familie. Oft gingen wir mit seinem Hund Lumpi spazieren, wobei wir höllisch aufpassen mussten, da er schon einigen Damen den Rock zerrissen hatte. Auch Jeans-Hosen hatte Familie Gubser schon bezahlen müssen. Überhaupt war er zwar ziemlich bissig, anscheinend war er vom ehemaligen Besitzer geschlagen worden. Ich aber liebte den Umgang mit Tieren, die in mir schon damals tiefe Gefühle der Freundschaft auslösten. Pascal und seiner Familie bin ich zutiefst dankbar. Ohne diese Momente des Glücks und der Geborgenheit hätte ich die damalige Zeit wohl kaum überstanden.

In unserem schönen Quartier lebten viele Kinder, mehrere jeder Altersklasse. Auch mit Lukas, dem jüngeren Bruder von Pascal, verbrachte ich viel Zeit. Er war ein wildes Kind und kassierte dementsprechend Strafen. Ich hingegen war sehr zurückhaltend, schüchtern und ernst. Wann immer möglich waren wir zwei zusammen unterwegs. Im Sommer war der große Weiher bewachsen und diente uns als Versteck. Die Schilfrohre benutzten wir für unsere Bogen, die wir im nahegelegenen Wald gefunden hatten. Als in der Nachbarschaft ein Haus gebaut wurde, fanden wir Bretter. Daraus bauten wir mehrere Flösse, um auf dem Weiher in See zu stechen. Natürlich zog ich manchmal einen Schuh heraus, auch das gehörte dazu.

Unsere Umgebung lieferte auch das richtige Equipment, um Steinschleudern zu bauen. Lukas hatte immer alte Veloschläuche zur Hand, aus denen wir dann unsere Bewaffnung bastelten. Im Quartier hatten wir genügend Wiesen, wo wir Fußball spielen konnten oder Völkerball auf dem Parkplatz oder Skifahren auf dem Hang nebenan. Mir hat das aber keinen Spaß gemacht. Meine Schuhe waren viel zu groß und ich hatte stets kalte Füße. Außerdem waren die Skier im Vergleich mit denjenigen der anderen uralt.

Oft und mit Freude denke ich an die paradiesische Umgebung meiner Kindheit zurück. Dank Pascal, Lukas und der ganzen Familie Gubser konnte ich in ein Stück heile Welt eintauchen und der harten Realität für kurze Zeit entfliehen.

Ich bin immer gern zur Schule gegangen. Es war der Ort, wo ich gelobt wurde und wo ich wusste, dass ich gut war. Als mir mein Lehrer einmal sagte, ich müsse später mal studieren, wusste ich, dass ich dieses Ziel mit der nötigen Unterstützung erreichen könnte. Voller Stolz und Freude erzählte ich es zu Hause meinem Vater. Doch er antwortete nur, für so etwas kein Geld zu haben. Trotzdem ließ ich mir die Freude am Lernen nicht nehmen. Intuitiv spürte ich, dass mir die guten Zensuren Halt gaben und mein Selbstvertrauen stärkte. Mittlerweile war ich etwa zehn Jahre alt.

Mit Vater wurde es stets schlimmer. Fast immer war er betrunken und sehr aggressiv. Auch mit seiner Gesundheit konnte etwas nicht stimmen, denn der Arzt schaute öfters mal vorbei. Dass es nicht nur körperliche, sondern auch psychische Krankheiten gibt, wusste ich damals noch nicht.

Es war an einem Sonntagmorgen, als ich in die Küche ging. Plötzlich war ich wie gelähmt. Vater stampfte durch die Wohnung, in einer Hand hielt er eine Pistole, in der anderen die Kugeln. Und er drohte, uns alle zu erschießen. Obwohl noch sehr jung, spürte ich sofort, dass es sehr gefährlich für uns werden könnte. Dieses traumatische Erlebnis hat mich nachhaltig geprägt und erklärt möglicherweise auch meine bis heute anhaltende tiefe Abscheu vor Waffen. Vater aber wurde bald danach abgeholt und in eine Klinik gebracht. Unter diesem Begriff konnte ich mir zwar damals nichts vorstellen. Auf jeden Fall schien es nichts Gutes zu sein.

Mutter musste immer zu Familie Gubser, um zu telefonieren, da wir selbst kein Telefon besaßen.

Ich glaube mich zu erinnern, dass mir mein Vater nicht gefehlt hat. Neben meiner Wut und meinem Hass auf ihn spürte ich aber auch, dass ich ihn trotzdem auf eine Art gerne hatte.

Mit der Geburt von Simon bekamen wir eine neue Aufgabe. Ich war sein großer Bruder und ganz schön stolz auf den kleinen Hosenscheißer. Mutter ging liebevoll mit Simon um. Er war eine Bereicherung für unsere Familie. Ich freute mich, Verantwortung zu übernehmen und ihm auf dem Küchentisch die Windeln zu wechseln oder ihn zu füttern. Ich kochte ihm jeweils Grießbrei mit Honig. Dieser schmeckte auch mir ganz gut und ich naschte selber gerne davon. Ursula und Karin verkleideten ihn und zogen ihm lustige Kleider an. Ja, wir liebten unseren kleinen Nachzügler.

Weil nun viele Mäuler zu stopfen waren und Vater ausgefallen war, arbeitete Mutter tagsüber und auch in der Nacht. Wir Kinder waren oft alleine und ich musste selbstständig meine Hausaufgaben erledigen. Unterstützt und motiviert hat mich niemand. Aber ich ahnte, dass ich mich nur von der schwierigen Situation zu Hause ablenken konnte, in dem ich gut war in der Schule.

Von Vater habe ich ein Jahr lang nichts gehört. Vermisst habe ich ihn nicht. Wir kümmerten uns auch ohne ihn um unseren kleinen Bruder Simon. Vermutlich war Mutter froh über die ruhige und friedliche Stimmung, die bei uns herrschte.

Es ist erstaunlich, wie viel man aus einem Schulzeugnis lesen kann. In jenem Jahr habe ich in der Schule nie gefehlt, die Hausaufgaben immer gemacht und die besten Zensuren geschrieben. Mutter und uns vier Kindern ging es richtig gut. Ursula durfte ein Dachzimmer beziehen, neben demjenigen von Pascal. Karin und ich teilten uns eines, und Simon schlief im Zimmer der Mutter. Aus heutiger Sicht stufe ich diese Zeit als die beste meines damaligen Lebens ein.

Eines Tages eröffnete uns Mutter, dass Vater bald wieder nach Hause komme. Ich konnte mich nicht freuen, denn ich hatte Angst vor ihm. Sollte diese schöne Zeit vorbei sein?
    Anfangs war Vater nicht mehr so aggressiv. Doch er trank immer noch. Mit Simon war er gut und es existieren einige von Vater abgelichtete Fotos als Beweis, dass er sich doch bemüht hat seiner Rolle als Vater. Er hatte seine alte Arbeitsstelle noch, doch wie ich später vernahm, hat er den Anschluss dort nicht mehr gefunden. Nach ein paar Monaten wurde er wieder abgeholt, und das sollte das letzte Mal gewesen sein.

Eines Tages, beim Wäsche aufhängen, eröffnete mir Mutter behutsam, dass sie wieder schwanger sei. Ich wurde wütend und brachte ihr kein Verständnis entgegen. Später, als mir bewusst wurde, wie schwer die Situation für sie gewesen sein muss, entschuldigte ich mich bei ihr. Man stelle sich vor, fünf Kinder ohne Mann aufzuziehen!

Von nun an arbeitete Mutter ununterbrochen. Sie machte Heimarbeit, bei der wir ihr helfen konnten. Wir bildeten ein gut eingespieltes Team. Wenn Mutter auswärts arbeitete, gingen wir selbstständig zur Schule und am Mittag kochte Ursula für uns. Obwohl selber noch ein Kind, war sie sehr eigenständig und übernahm schon früh Verantwortung. Simon wurde von uns allen und zum Teil von Nachbarn betreut. Als Mutter Thomas gebar, war Vater schon lange nicht mehr zu Hause. Vermutlich hat er seinen jüngsten Sohn nie gesehen.

Ein Jahr mochte etwa vergangen sein, als Mutter mit uns reden wollte. Ein Klinikarzt lade uns alle zu einem Gespräch ein. Es gehe um Vater, der seit einem Jahr nicht mehr gesprochen habe, teilte sie uns mit. Nun gelte es, uns zu überlegen, ob wir ihn wieder nach Hause holen wollten.

Da war ich gerade mal zwölf Jahre alt und hatte über das Schicksal meines Vaters zu entscheiden! Schweren Herzens, doch zum Wohl der ganzen Familie einigten wir uns, ihn in der Klinik zu lassen.

So saßen wir in einem großen Zimmer in der Klinik. Vater sagte kein Wort. Ursula, Karin und ich saßen nebeneinander, und Mutter hatte Simon auf ihrem Schoss, als eine Ärztin uns die verhängnisvolle Frage stellte. „Nein, wir wollen ihn nicht mehr", teilte ich ihr schonungslos unseren Entscheid mit. Ursula und Karin weinten und sagten, dass wir das doch nicht machen könnten. Vater saß regungslos da, als wäre er weit entfernt.

Seit der Geburt von Thomas veränderte sich bei uns zu Hause einiges. Mutter konnte nicht noch mehr arbeiten, ihr wuchs alles über den Kopf. Und schon kamen Simon und Thomas in eine Pflegefamilie. Die gute Stimmung, welche herrschte, seit der Vater weg war, begann zu verschwinden. Mutter lebte plötzlich in einer Großstadt, da sie anscheinend dort eine Arbeit gefunden hatte. Und Ursula, Karin und ich waren alleine. Ursula kochte für Karin und mich, ich hingegen fühlte mich verantwortlich für die Erziehung von Karin.

Lange konnte das ja nicht gut gehen. Nach drei Wochen intervenierte Frau Zecker, die Hauswartin, beim Sozialamt. Sie war ob dieser Zustände erschüttert. Im Nachhinein war ich darüber froh, denn nun begann ein neues Kapitel in meinem Leben.

# 3. KAPITEL

Eines Tages klingelte es an der Tür. Eine freundliche Dame stellte sich als Paula Keller vor. Sie sei vom Sozialamt und würde uns gerne kennenlernen. Höflich haben wir sie hereingebeten. Ich war damals zwölf Jahre alt und sehr erfreut über die Bekanntschaft dieser sympathischen, etwa dreißig Jahre alten und Wärme ausstrahlenden Frau. Sie redete so, als würde für uns alles besser und ob dieser Aussichten erträglicher werden. Nach einer Stunde verabschiedete sie sich mit der Ankündigung, das nächste Mal eine Haushaltshilfe mitzubringen. Mutter schien erleichtert zu sein. Meine Schwestern und ich waren gespannt, was da für eine Frau kommen sollte.

Plötzlich ging alles schell. Es war an einem Sonntag, als Frau Keller wieder läutete. An ihrer Seite stand Margrit Klaus, eine ältere Frau mit weißen Haaren. „Die sieht ja aus wie Miss Marple", war mein erster Gedanke. Sie war klein und etwas übergewichtig, doch ich fand, dass es ihr gut stand. Außerdem war sie leicht schwerhörig, sodass wir sie anschauen mussten, wenn wir mit ihr redeten. Sie war mir auf Anhieb sympathisch. Welch schöner Sonntag. Ich schöpfte Hoffnung und hatte das Gefühl, künftig besseren Zeiten entgegenzusehen.

Frau Keller verabschiedete sich und sagte, dass Frau Klaus am Montag wieder komme und für uns kochen werde. Auch die Wäsche werde sie erledigen und uns bei den Schulaufgaben helfen. Wie hatten wir das nur verdient? Ich spürte, dass dies eine Wende in meinem Leben bedeuten könnte, und freute mich auf Montag.

Noch wohnte Frau Klaus nicht bei uns. Am Abend ging sie wieder und wir waren allein. Und ich fühlte mich – seit sehr langer Zeit – wieder einmal gut. Frau Klaus war ein echter Gewinn für uns. Sie entpuppte sich als ausgezeichnete Köchin und ich hatte nie mehr Hunger. Sie hatte auch schon für andere Familien gekocht und zauberte mit einfachen Mitteln ein Festessen auf den

Tisch. Auch hatte sie viel Erfahrung im Umgang mit Kindern, hatte sie doch ihre fünf Söhne selbstständig erzogen, weil ihr Mann sehr früh gestorben war. Schon bald durften wir sie beim Vornamen nennen. Obwohl niemand die Stelle meiner Mutter einnehmen konnte, war Margrit ein würdiger Ersatz. Und für meine Schwestern und mich war sie eine echte Entlastung.

Natürlich hatte ich Vater nicht vergessen. An einem Sonntag begleitete Frau Keller Karin und mich zu ihm. Ich fand das sehr freundlich von ihr, war aber äußerst angespannt. Fragen, wie mein Vater wohl reagieren würde, wie es ihm gehe und ob er wohl Freude habe, uns zu sehen, plagten mich auf dem langen Reiseweg. Endlich dort angekommen, irritierte mich, dass wir mit der Klingel läuten mussten. Offenbar war die Türe zur Abteilung abgeschlossen. Lange Zeit öffnete niemand. Drinnen beschlich mich ein eigenartiges Gefühl. Im Hintergrund ging ein Mann auf einen anderen los. Gleichzeitig beobachtete ich, wie zwei andere friedlich im Garten Tischtennis spielten. Ein Pfleger führte uns zu Vater hinein. Er gab uns wortlos die Hand. Überhaupt redete er während der ganzen Stunde nichts. Und das sollte noch lange so bleiben. Mit einem Gefühl, unseren Vater endgültig verloren zu haben, fuhren wir aufgewühlt und traurig nach Hause.

Am Abend besuchte ich Pascal in seinem Zimmer. Ich genoss die Zeit mit ihm und er besaß gute Musik. Ganz nach meinem Geschmack. Zu diesem Zeitpunkt liebte ich „The Sweet", „Deep Purple" und Ähnliches. Pascal war mein Vorbild. Er war „cool" und imponierte mir mit seinen Lebensweisheiten. Er war auch sehr belesen und hatte schon eine Freundin aus der Nachbarschaft. Wie gut es tat, einen solchen Freund zu haben!

Eben hatte ich die Prüfung zur Sekundarschule bestanden. Dies bedeutete aber auch, das Schulhaus zu wechseln. Während ich in die Primarschule immer zu Fuss gegangen war, durfte ich nun das Velo nehmen. Um mir ein solches Fahrrad kaufen zu können, musste meine Mutter vermutlich lange und hart arbeiten.

Ich freute mich: Nun gehörte ich zu den Grossen. Schon in der ersten Stunde wurden wir angehalten, ein Formular mit persönlichen Fragen auszufüllen. Unter anderem wurde auch nach dem Beruf des Vaters gefragt. Oh weh, wie peinlich! Von vielen Vätern meiner Mitschüler hätte ich gewusst, was und wo sie arbeiteten. Aber ausgerechnet von meinem Vater wusste ich es nicht – ja, konnte ich es nicht wissen –, da er nie wirklich mit mir geredet hatte. Um dieses Feld nicht unausgefüllt zu lassen, schrieb ich „Vorarbeiter" hinein.

Auf dem Pausenplatz gesellte ich mich zu zwei neuen Mitschülern. Sie schienen mir auch schüchtern zu sein. Auf jeden Fall stimmte die Chemie beidseitig auf Anhieb. Außerdem wohnte einer von ihnen auf einem Bauernhof, ungefähr in der Mitte meines Schulweges.

Ich fühlte mich wohl an diesem ersten Schultag, zumal auch meine Schwester Ursula und mein bester Freund Pascal dasselbe Schulhaus besuchten. So freute ich mich auf die kommenden drei Jahre; überhaupt ging es mir richtig gut.

Für meine beiden jüngeren Brüder wurde eine andere Familie gefunden. Ein junges Ehepaar, bisher ohne Kinder. Die Frau sagte, wir dürften Simon und Thomas oft besuchen.

Ich war noch zu jung, um die Gefühle meiner Mutter zu verstehen. Sie vermied es auch, über die „neuen Eltern" der beiden „Kleinen" zu sprechen. Einmal sagte sie mir, wir könnten Vater jederzeit besuchen, aber sie wolle nichts mehr von ihm wissen. Ich war in vielen Situationen überfordert, doch im Vergleich zu meiner Kindheit war das nichts.

Karin und ich entschieden uns, Vater hin und wieder zu besuchen. Er war nun seit einem Jahr in der Klinik. Obwohl ich fast nur schlechte Erinnerungen hatte, fehlte er mir oft. Er tat mir irgendwie auch leid. Ich war nun gut dreizehn Jahre alt und Karin zwölf. Selbstständig erkundigten wir uns, welchen Zug wir nehmen mussten. Dreimal mussten wir umsteigen und dann noch eine halbe Stunde zu Fuß gehen. Wie die paar Male, als uns Frau Keller begleitet hatte, klingelten wir an der Tür der geschlossenen Abteilung. Ein freundlicher Pfleger öffnete, führte uns in eine Art Wohnzimmer und versprach, unseren Vater zu holen. Ein ungutes Gefühl machte sich bemerkbar, ich war froh, Karin dabei zu haben. Im Raum herrschte Stille und wir warteten schon eine ganze Weile. Vater liege im Bett und wolle nicht aufstehen, erklärte uns der Pfleger nach einer langen Wartezeit. Wir sollten ihm folgen, er führe uns zu ihm. Lange hatte ich Vater nicht mehr gesehen und nun bekam ich den Eindruck, dass er sich gar nicht auf uns freute. Dennoch drückte er uns die Hand und machte Anstalten aufzustehen. Gesprochen hat er jedoch während der ganzen Besuchszeit nichts. Er trug ein graues Wolljackett mit braunen Knöpfen und eine graue Hose. Die schwarzen Lederschuhe waren abgenützt und am rechten Schuh fehlte der Schnürsenkel. Seine Nase lief ununterbrochen, was ihn aber nicht zu stören schien. Sein Haar kämmte er nicht, obwohl er im Bett gelegen hatte. Endlich war er bereit und zu meinem Erstaunen durften wir mit ihm ins Freie. Ich stellte ihm viele Fragen, ohne eine Antwort zu erhalten.

Völlig aufgewühlt traten Karin und ich den Heimweg an. Mich plagten Schuldgefühle, weil wir ihn nicht mehr mit nach Hause nehmen wollen hatten. An diesem Abend wusste ich, dass ich Vater lange nicht mehr besuchen würde. Die ausgelösten Emotionen waren zu schmerzhaft.

# 4. KAPITEL

Es war an einem Sonntag, als Mutter, die sonst in der Großstadt wohnte, nach Hause kam. Bei ihr war ein Mann, den ich noch nie gesehen hatte. Er war etwa zwanzig Jahre älter und um einiges kleiner als sie. Seine äußere Erscheinung wirkte kräftig. Er begrüßte uns mit einem stark italienisch gefärbten Akzent. Doch seine Stimme hatte einen warmen Klang. Anscheinend war sein Hut so etwas wie sein Markenzeichen. Er war mir auf Anhieb sympathisch.

Mutter teilte uns mit, dass sie bereits bei Gianni, so hieß ihr neuer Freund, wohne. Ich war verwirrt und dachte mir, dass er bestimmt nie den Platz meines Vaters einnehmen würde. Aber sie schien glücklich zu sein, was mich wiederum auch glücklich machte.

Ein paar Monate später erfuhren wir, dass Vater die Klinik verlassen und in eine Außenstelle mit circa dreißig Mitpatienten ziehen konnte. Offenbar hatte sich sein Zustand aber nicht gebessert, wie Karin und ich beim nächsten Besuch feststellen mussten. Wir gingen in ein Restaurant mit ihm. Aber wir wussten nicht, was er wollte, weil er ja nicht redete. So habe ich ihm ohne langes Überlegen ein Bier bestellt. Wie nach jedem Besuch ging ich nachdenklich und sehr traurig nach Hause.

Die um fast zwei Jahre ältere Ursula war zu jenem Zeitpunkt bereits viel mit ihren Freundinnen unterwegs und übernachtete oft auswärts. Wie habe ich sie um ihre Selbstständigkeit beneidet. Und obendrein gelang es ihr scheinbar mühelos, die komplizierte Familiensituation wegzustecken. Ich liebte meine Schwestern über alles und hätte sie durch nichts auf der Welt eingetauscht. Karin, die jüngere der beiden, war sehr sensibel. Darum versuchte ich ihr als großer Bruder Hilfe und Unterstützung zu sein. Ich betete noch immer und war sehr dankbar um den verbleibenden Rest der Familie.

Ziemlich oft besuchten Karin und ich unsere kleinen Brüder, zumal sie an demselben Ort wie wir wohnten. Beim Essen sass Thomas stets neben Karin, während Simon darauf bestand, sich neben mich setzen zu dürfen. Er war – wie ich – ein ernster Typ, äußerst korrekt und sehr genau. Unsere frappante Ähnlichkeit zeichnete sich je länger je mehr ab. Die beiden bekamen gute Startbedingungen, sowohl erzieherisch als auch in der Förderung ihrer Talente. Später wuchs die Familie noch um einen Bruder und eine Schwester. Ich genoss die Besuche und war froh, dass es meinen Brüdern gut ging.

In der zweiten Sekundarklasse verbrachte ich viel Zeit mit einem guten Kollegen, der sich dem Sport verschrieben hatte. Er belegte Kunstturnen, war aktiv im Judo und besaß schon den blauen Gürtel im Karate. Ich bewunderte ihn und seine vielfältigen Aktivitäten. So entschloss ich mich, Karate zu lernen. Endlich hatte ich ein Hobby. Und wie bei allem, was ich anpackte, gab ich mein Bestes und stellte die höchsten Erwartungen an mich selber, indem ich nur die Allerbesten zu meinen Vorbildern zählte. Mein Trainer war der damalige Nationaltrainer. Ich war also an der Quelle. Und er attestierte mir großes Talent, welches ich unbedingt nutzen wollte.

Gegen Ende der Sekundarschule lernte ich meine erste Freundin kennen. Sie war zwei Jahre jünger als ich, hatte goldblondes Haar und blaue Augen und war sehr talentiert in Sprachen. Ich war zum ersten Mal richtig und über beide Ohren verliebt.

So ging meine Schulzeit langsam dem Ende entgegen. Es war eine gute Zeit für mich gewesen. Vorher suchte ich den Berufsberater auf, der mir – nach einem Eignungstest – den Beruf eines Hochbauzeichners schmackhaft machte. Weil ich mir das gut vorstellen konnte, bewarb ich mich bei etlichen Architekten in der näheren Umgebung und freute mich riesig, als ich eine Zusage bekam. Meine nahe Zukunft war also gesichert.

# 5. KAPITEL

An einem Montagmorgen klingelte ich bei der Firma Sterki. Ich war sehr aufgeregt, gehörte ich nun doch zu den ganz Grossen. Eine freundliche Frau mittleren Alters öffnete mir die Tür und bat mich hereinzukommen. Sie stellte sich als Frau Kummer vor und führte mich sogleich in ein Büro, in welchem zwei Zeichnungstische standen. An dem einen saß Herr Engel, ein weißhaariger, bleicher Mann, etwa im gleichen Alter wie Frau Kummer, der mich freundlich begrüßte. Er freue sich, mich kennenzulernen. Seine Aufgabe sei es, mich die kommenden vier Jahre zu begleiten und mir das Handwerk des Zeichners beizubringen. Er forderte mich auf, am zweiten Tisch Platz zu nehmen. Vorher stelle er mir aber noch die anderen Mitarbeiter vor. Im Korridor begegneten wir dem Lehrling im zweiten Jahr. Er schien ziemlich frech zu sein und witzelte schon, während ich ihm vorgestellt wurde. Der erste Kontakt aber war vielversprechend. Sehr sympathisch schien auch ein ausgelernter Hochbauzeichner zu sein. Nur meinen Chef, Herrn Sterki, sah ich am ersten Vormittag nicht. Er war wohl außer Haus. Schon beim Eintreten waren mir die Blumen aufgefallen, welche den ganzen Eingangsbereich schmückten. Herr Sterki sei gerade Schweizer Meister im Amateur-Spring-Reiten geworden, erklärte mir Frau Kummer. Ich bekam also einen erfolgreichen Chef und ich wartete gespannt darauf, ihn kennenzulernen.

Am Nachmittag kam dann Herr Sterki zu mir ins Büro und stellte sich vor. Er wirkte ziemlich streng, aber fair, allerdings um einiges jünger, als ich ihn mir vorgestellt hatte. Auch er vermittelte mir den Eindruck, eine gute Lehrzeit absolvieren zu können.

Immer noch war ich bemüht, meine Familienverhältnisse geheim zu halten. Niemand sollte wissen, wie sehr ich noch vor ein paar Jahren gelitten hatte. Meine Strategie, mit guten Leistungen abzulenken, schien aufzugehen. Ich freute mich auf die nächsten Jahre und war sehr zufrieden.

Zu Mittag aß ich bei Margrit. Ich habe diese Zeit sehr genossen. So konnten wir uns unterhalten und die Kochkunst beherrschte sie wie keine Zweite. Sie war zu einer guten Freundin geworden.

Meine Mutter war auch zufrieden. Ich besuchte sie und Gianni manchmal am Freitag nach der Arbeit und blieb das ganze Wochenende.

Meine Schwestern Ursula und Karin standen auch in der Ausbildung.

Mein liebstes Hobby war Karate. Ich gab alles. Jedes Wochenende verbrachte ich im nahen Wald und trainierte. Auch Ermüdungsverletzungen konnten mich nicht stoppen. Oftmals trainierte ich noch vor Arbeitsbeginn. Ich rannte ein paar Mal um den Vita-Parcours, ging nach Hause, um zu duschen und dann ab an die Arbeit. Indem ich lernte, mich gegen Angreifer zu verteidigen, entwickelte sich auch mein Selbstvertrauen positiv. Eine Tatsache, die in meinem späteren Leben noch von großer Bedeutung sein sollte.

Bei der Arbeit lief es sehr gut. Ich hatte Interesse am Zeichnen. Meine Genauigkeit kam mir entgegen. Und außerdem hatte ich schon als Kind gerne gezeichnet und gemalt. Mit meinem Oberstift verstand ich mich gut; mit ihm wurde es nie langweilig. Beruflich wollte ich mich aber nicht an ihm orientieren, da er in Gedanken viel in der Freizeit verweilte.

Mitte des ersten Lehrjahres hörte ich zum ersten Mal von der Berufsmatura (BMS). Dies sei ein zusätzlicher Abschluss – auf Maturitätsstufe – für Lehrlinge mit guten schulischen Leistungen. Mit diesem Ausweis könne man anschließend an den Lehrabschluss eine höhere Schule ohne Eintrittstest besuchen, bestätigte auch mein Lehrer. Zwei meiner Gewerbeschulkollegen hatten sich bereits angemeldet. So entschied ich mich auch dazu. Herr Sterki, mein Chef, war allerdings nicht begeistert, da dies einen Tag mehr Schule pro Woche bedeutete, d. h. einen Präsenztag weniger im Büro. „Die ganzen drei Jahre müssen deine Noten aber sehr gut sein, ansonsten nehme ich dich sofort wieder raus", drohte er mir im Voraus.

Im Beruf machte ich Fortschritte, Herr Engel schien sein Handwerk zu verstehen. Doch etwas machte mir zunehmend Sorgen. Täglich – so auch am allerersten Tag meiner Lehrzeit – fragte er mich, ob ich auch an Gott glaube und schön regelmäßig bete. Es stellte sich heraus, dass Herr Engel überaus gläubig war und es sich zur Lebensaufgabe gemacht hatte, sein Wissen weiterzugeben. Zwar hatte ich während meiner Ministrantenzeit viel zu diesem Thema gehört, jetzt aber war ich hoffnungslos überfordert. Wir konnten über Autos diskutieren, unsere Gespräche endeten letztlich immer bei Gott. Nach zwei Jahren bekam ich langsam den Eindruck, dass mein fachliches Können zu kurz kam. Jedoch war ich nicht in der Lage mich zu wehren. Nun begriff ich, warum der Oberstift froh war, als ich ihn im Büro ablöste.

So bekam ich aber auch einen tiefen Einblick in die spirituelle Welt, vorerst allerdings noch unfreiwillig. Doch bald fand ich dieses Thema höchst interessant und begann alles zu lesen, was diesen Weg beschrieb. Zu jener Zeit war ich begeistert von Hermann Hesse und habe seine Bücher geradezu verschlungen. Pascal beschäftigte sich mit derselben Materie, sodass wir sehr oft zusammen philosophierten. Bald spürte ich, dass die Lehre bei Herrn Engel auch Vorteile brachte. Ich hatte zwar die größte Mühe, an eine Gerechtigkeit zu glauben, weil ich eine so schwierige Kindheit gehabt hatte. Die ganze Familie – Mutter, die Schwestern und auch Vater – hatte leiden müssen.

Seit einiger Zeit malte ich. Ich hatte auch schon Bilder verkauft. Skizzieren gehörte schließlich zu meiner Ausbildung und es machte mir großen Spaß. Malen beruhigte mich und das Experimentieren mit Farben machte mir viel Freude. So konnte ich Geschenke machen, die von Herzen kamen, und es war ein guter Weg, mich auszudrücken. Die Malerei sollte mich noch lange begleiten und war oft das einzige Mittel, mich verständlich zu machen.

Im Büro hat es mir außerordentlich gut gefallen. Auch der Beruf war ganz nach meinem Geschmack. Ich blühte regelrecht auf. Die Berufsmittelschule bedeutete zwar eine Herausforderung, der ich mich mit Freuden stellte. Auch Herr Sterki schien zufrieden und erwähnte mit keinem Wort, mich aus der Schule nehmen zu wollen.

Gegen Ende des dritten Lehrjahres bereitete mir das Erledigen der Hausaufgaben mehr Mühe, vor allem wenn ich alleine war. Frau Keller, zu der wir Paula sagen durften und die in der Zwischenzeit längst zur guten Freundin der Familie geworden ist, offerierte mir, am Samstag bei ihr im Sozialamt die Aufgaben zu erledigen. Dankbar nahm ich dieses Angebot an. Mit der Gewissheit, im Nebenzimmer jemanden zur Seite zu haben, ging alles leichter von der Hand. Ein halbes Jahr lang trafen wir uns jeden Samstagmorgen in ihrem Büro. Morgens um neun Uhr rief sie mich jeweils zu sich herüber und wir tranken Kaffee und aßen Gipfeli. Diese Unterstützung habe ich sehr geschätzt, zumal sich während meiner Kindheit und Jugend nie jemand für mich und meine schulischen Leistungen interessiert hatte.

Eines Tages überraschte uns Frau Kummer mit der Ankündigung eines Geschäftsausfluges nach Paris. Es war das erste Mal, dass ich die Schweiz verließ. Geflogen sind wir mit einem kleinen Jet. Herr Sterki, das große Multitalent, war unter anderem auch Pilot. Die paar Tage haben mir sehr gut gefallen. Ein anderes Mal hat unser Chef die ganze Belegschaft für einen kurzen Winterurlaub nach St. Moritz eingeladen. Dort wartete ein Helikopter auf uns, der uns – und die mitgebrachten Skier – auf einen Berg flog. Nach einer mehrstündigen Abfahrt wurden wir im Tal mit Champagner und Häppchen begrüßt. Für mich ein ungewöhnliches, aber ganz besonderes Erlebnis.

Unser Büro lag direkt am See. Im Sommer erlaubte uns unser großzügiger Lehrmeister, während der Mittagspause und am Feierabend zu schwimmen und lud uns sogar manchmal zum Wasserskifahren ein. Ansonsten war er ein eher strenger und konsequenter Chef. Ich habe stets versucht, ihn nach meinen Möglichkeiten zu unterstützen und ihm helfend zur Seite zu stehen. Ja, ich hatte eine gute Lehrstelle erwischt. Trotzdem freute ich mich auf den Abschluss, der mir in einem halben Jahr bevorstand.

# 6. KAPITEL

In jenem Sommer fuhr ich mit meiner Freundin, ihrer Schwester und Reto nach Griechenland. Reto war ein guter Freund aus der Nachbarschaft. Mit ihm war ich auch schon in den Ferien gewesen. Zusammen mit ihm hatte ich im letzten Sommer meine Freundin Angelika kennengelernt. So fuhren wir als illustres Quartett mit dem Zug durch Italien bis nach Brindisi. Dort nahmen wir das Schiff nach Piräus. An Bord angekommen, fühlte ich eine seltsame Leere in mir. Weil aber die Begleitumstände so gut waren, dachte ich mir nichts dabei. Wir hatten die Zelte dabei und blieben überall nur so lange, wie wir Lust hatten. Nun „trampten" wir die ganzen Küste Griechenlands entlang bis zur Grenze der Türkei.

Weil Angelika und ihre Schwester keine Pässe dabei hatten, trennten wir uns. Reto und ich fuhren alleine nach Istanbul. Dort verspürte ich völlig gegensätzliche Empfindungen. Einerseits war ich überwältigt von der Schönheit dieser Stadt und ich hatte das Gefühl von Selbstständigkeit. Andererseits beunruhigten mich diese aufkommende Leere und Schwermütigkeit tief in mir. Diese mir absolut neuen Gemütsbewegungen bereiteten mir Angst und ich fing an, mir ernsthaft Gedanken zu machen.

Wir planten, vier Wochen unterwegs zu sein. So fuhren wir auf dem Rückweg nach Bulgarien. Dort stoppte der Zug abrupt mitten in der Pampa. Einzig ein kleines Häuschen war auszumachen. Plötzlich stürmten Militaristen, bewaffnet mit Maschinenpistolen, den Zug. Nach erster Verwirrung begriffen wir, dass für die Durchfahrt durch Bulgarien ein Visum nötig gewesen wäre, welches wir nicht besaßen. Reto und ich wurden von einem Mann mit Gewehr am Anschlag nach draußen begleitet. Wo sollten wir hier draußen ein Visum bekommen? Außerdem liefen wir Gefahr, dass der Zug abfuhr und es war nicht klar, wann hier überhaupt wieder eine Bahn hielt. Bis an den Horizont waren nur Felder zu sehen. Mit spärlichem Englisch erklärte uns ein Mann, dass wir bei ihm eine Fahrkarte kaufen könnten. Doch unsere Franken, Lire und Schillinge akzeptierten sie nicht. Sie wollten Deutsche Mark oder amerikanische Dollars. Unter großem Stress suchten wir im Zug Touristen, die uns aushelfen konnten. Als wir endlich bezahlen konnten und uns das Besteigen des Zuges erlaubt wurde, setzte sich das Gefährt augenblicklich in Bewegung. Noch lange habe ich an die bewaffneten Militaristen zurückgedacht.

Von Italien reisten wir noch nach Wien und von da an wieder nach Hause.

Etwas in mir hat sich während dieser Zeit verändert! Ich verlor den Appetit und darum auch an Gewicht. Wenn ich mich im Spiegel betrachtete, machte ich mir Sorgen. Plötzlich hatte ich Angst unter den Menschen. Eigentlich wollte ich mit Pascal an einem Seminar teilnehmen, doch weil ich mich so schlecht fühlte, musste ich absagen. Innerhalb eines Monats war ich nur noch der Schatten meiner selbst. Angst beherrschte mich und ich hatte keine Ahnung, woher sie kam und wie ich sie wieder loswerden könnte.

Ein halbes Jahr zuvor war Ursula ausgezogen. Sie hatte einen Mann kennengelernt. Sein Name war Bruno. Er besaß ein Haus im Nachbarsdorf, in welches Ursula einzog. Weil sie glaubte, dass ich mich einsam fühlen werde, schenkte sie mir eine Katze. Ich taufte sie Leo. Natürlich fehlte mir Ursula überall, waren wir doch gemeinsam durch die schwierigsten Zeiten gegangen. Aber Karin war ja noch zu Hause.

Nun war also dieses verhängnisvolle Jahr. Es war Mitte September, als ich zur Gewerbeschule ging. Auf dem Programm stand eine Mathematik-Prüfung. Herr Amstutz, unser Lehrer, verteilte die Bögen. Meiner war hellblau. Er gab uns das Zeichen, anzufangen, und eine Stunde Zeit für die Arbeit. Ich las die erste Frage und wusste am Schluss nicht mehr, was am Anfang stand. Dasselbe bei der zweiten und den folgenden Fragen. Ich verstand überhaupt nichts mehr, so sehr ich mir auch Mühe gab, mich zu konzentrieren. Die Zeit lief mir davon und ich hatte keine Ahnung, was gefragt war. Rund um mich nahm ich nichts mehr wahr. Endlich war die Stunde vorbei und ich – der noch nie unter Prüfungsangst gelitten hatte – musste ein leeres Blatt abgeben. Wie hypnotisiert begab ich mich auf den Fußballplatz. Auch die Turnstunde ging an mir vorbei, ich stand im Tor und erlebte nur noch, wie alle Bälle an mir vorbei ins „Goal" rollten. Ob von den Mitschülern eine Reaktion kam, ist mir nicht bekannt.

Nach der Schule fuhr ich ins Büro, wo ich auf meinem Platz saß, bis mich ein Mitarbeiter nach Hause schickte. So ging ich zu Margrit, legte mich ins Bett und stand drei Tage nicht mehr auf. Ich war gelähmt vor Angst und fantasierte, dass sie mich abholen würden und etwas Schlimmes passieren werde. Margrit rief einen Arzt, welchen ich nur noch vage wahrgenommen habe.

Am folgenden Tag standen Ursula und Karin neben meinem Bett bei Margrit. Sie sagten mir, dass sie mich in eine Klinik begleiten würden, wo ich mich erholen könnte. Ich zog den Pullover an, den Ursula mitgebracht hatte. Grosse Angst überfiel mich und ich dachte, dass es mir jetzt wie Vater ergehen würde und ich die Klinik nie mehr verlassen könne. Ich vermute, dass Margrit beim Abschied traurig war, doch ich habe es nicht mehr wahrgenommen. Paula fuhr mit uns etwa eine halbe Stunde. Sie sagte mir, ich käme in die „Burg", welche einen guten Ruf habe und wo ich mich erholen könne.

Nun saß ich mit einem Mann, der sich als Manuel vorstellte, in einem Büro. Er stellte mir einige Fragen, unter anderen, ob ich mir das Leben nehmen wolle. Ursula fing zu weinen an. „Nein", antwortete ich, „noch nie wollte ich Schluss machen." Darauf begleitete uns Manuel auf die Abteilung A1-Süd. Paula und meine Schwestern verabschiedeten sich und ich fühlte mich so alleine wie mein ganzes Leben noch nie.

Einige Tage vergingen, bis ich realisierte, was die vielen Menschen hier machten. Mir war auch nicht klar, wer krank war und wer für jene sorgte. Ich glaubte, in einem Theaterstück zu spielen.

Jemand sagte mir, der Arzt sei in den Ferien. Ich rechnete mir aus, dass es wohl am schwierigsten sei, die Rolle des Arztes zu besetzen und sie noch keinen Schauspieler gefunden hätten. Erst nach etwa einem Monat realisierte ich, wo ich war und dass die Lage sehr ernst war.

Bei einem Gespräch mit dem Assistenzarzt sagte ich gar nichts, außer dass ich mein Gedächtnis verloren hätte und nicht mal mehr die Namen meiner Schwestern wisse. Der Arzt beruhigte mich und entgegnete, es sei nur überdeckt und nicht verschwunden. Zu ihm hatte ich Vertrauen.

Bereits am Anfang fiel mir ein junger Mann auf, er war etwa in meinem Alter. Sein Name war Stefan. Er hielt auf der Abteilung einen Papagei. Da ich Tiere schon immer geliebt habe, verbrachte ich viel Zeit damit, den Vogel zu beobachten. Wie ich hörte, hatte Stefan Drogenprobleme, doch in seiner Nähe fühlte ich mich ein bisschen besser.

Mir ging es immer schlechter. Starke Angstzustände quälten mich, ich konnte nicht mehr klar denken und essen mochte ich schon gar nicht. Das Leben zog an mir vorbei und ich verlor dabei jegliches Zeitgefühl. Nur wenn ich im Bett lag und die Decke über mich zog, fühlte ich mich ein wenig geborgen.

Es war obligatorisch, an der Morgengruppe teilzunehmen. Ich war schon lange nicht mehr aus dem Bett gekommen. Gelähmt war ich vor Angst. Anfangs wurde das Essen noch ins Zimmer gestellt. Als ich nichts mehr anrührte, blieb das aus.

Eines Morgens, die Gesprächsgruppe musste eben begonnen haben, stürmte eine wütende Mitpatientin in mein Zimmer. Sie zog mir die Decke weg und schrie, dass ich auch teilnehmen müsse. Von da an war mein letzter Rückzugsort unsicher geworden und ich habe noch mehr gelitten.

Pascal kam mich regelmäßig besuchen. Doch an jenem Tag brachte er eine schlechte Nachricht mit, indem er verkündete, dass er für vier Monate nach Kanada verreise. Teilnahmslos nahm ich die Hiobsbotschaft entgegen, dachte jedoch, ohnehin nicht mehr so lange durchhalten zu können und dass ich Pascal vielleicht zum letzten Mal sehe. Ich wurde sehr traurig. Der Abschied tat mir weh, aber ich war nicht in der Lage, meine Gefühle auszudrücken. Innerlich habe ich geweint und war sehr niedergeschlagen.

Mutter kam mich oft besuchen. Einmal war sie außer sich vor Wut. Sie beschimpfte vier Pfleger, welche offenbar lieber Tischfussball spielten, als sich um mich zu kümmern. Mir tat es sehr weh zu spüren, wie Mutter meinetwegen litt.

Nun war ich schon sieben Monate auf A1-Süd und war nur noch eine Hülle meiner selbst. Mein Geist war abwesend und ich weiß nicht, wie ich noch funktionieren konnte. Ich hatte rund zwanzig Kilo abgenommen und war körperlich so schwach, dass ich kaum noch gehen konnte. Ich weilte nur noch im Bett und litt unheimlich.

Eines Morgens ermahnte mich eine Pflegerin, ich müsse unbedingt mal duschen. Schon der Gedanke daran war für mich wie ein unüberwindbarer Berg. Ich brauchte zwei Tage dafür.

Als ich in der Dusche stand, trugen mich meine Beine nicht mehr, ich sackte zusammen. Das war das Ende. Bestimmt würde es mir nie mehr gut gehen. Ich habe gebetet, dass mich jemand erhören würde. Mit letzter Kraft schleppte ich mich zurück ins Bett und weinte unaufhörlich.

Von nun an sah ich nur noch einen Ausweg. Auf dem Balkon standen ein paar Schlitten, von welchen ich die Seile entfernte. Damit begab ich mich in den Keller, wo ich die nötige Umgebung vorfand. Ich war getrieben vom Gedanken, dem grausamen Leiden ein Ende zu setzen. So stieg ich auf den Korpus in der Waschküche, welche sonst immer abgeschlossen war, und sprang. Im selben Moment schossen mir Mutter und meine Schwestern durch den Kopf. Nein, ihnen konnte ich das nicht antun! Mit letzten Kräften und mit Gewalt befreite ich mich aus der Schlinge und stieg herunter. Wie habe ich mich geschämt. Meine Kleider waren durch die Todesangst völlig durchnässt. Der Angstschweiß lief mir an den Beinen herunter in die Schuhe. Nie hatte ich vorgehabt, meinem Leben ein Ende zu setzen, doch nun befand ich mich in einer absoluten Sackgasse. Daraufhin eilte ich in mein Zimmer und vergrub mich unter der Bettdecke. Der letzte Ausweg kam nicht mehr infrage, ich musste einen anderen Weg finden. Möge mir geholfen werden, alleine war ich nicht in der Lage, aus dem Tunnel herauszufinden.

Bald darauf ging es los in ein einwöchiges Lager in die umliegenden Berge. Dort wurde ich gezwungen, an den Aktivitäten teilzunehmen. Alain, ein Pfleger, kümmerte sich liebevoll um mich und ermöglichte mir eine einigermaßen lebenswerte Woche. Die Zeit in der Natur tat mir gut.

In diesen Tagen eröffnete mir Ursula, dass sie mich mitnehmen würde für ein verlängertes Wochenende ins Südtirol nach Kaltern. Anfänglich hatte ich Angst davor, ich war immer noch depressiv, doch der Gedanke, mit Ursula ein paar Tage zu verbringen, beflügelte mich. Also fuhren wir mit ihrem Sportwagen los und konnten schon südlich der Alpen das Autodach herunterlassen. Ich fühlte mich richtig gut, wie lange war ich nun schon in mir gefangen gewesen. Bei bestem Wetter erreichten wir den Kalterersee. Es war Frühling und ich spürte langsam wieder Lebensgeister in mir.

Ich nehme an, dass die anderen Personen mir nicht ansahen, welche Qualen ich durchmachte, jedenfalls empfand ich so etwas wie Selbstvertrauen und bewegte mich selbstsicher, als hätte ich neue Freiheit gewonnen. Wir haben gut gegessen, meistens im Freien. Diese Tage mit Ursula hatten mir dermaßen gut getan, dass ich mir vorgenommen habe, diese Aufbruchstimmung auf die Abteilung zurückzunehmen und an eine positive Zukunft zu glauben.

# 7. KAPITEL

Als wir zurück waren, gewann ich immer mehr Kontakt zu Erna, einer Patientin, die ungefähr gleich lange auf der A1-Süd war. Sie war Mitte vierzig und versuchte, mich zum Tischtennis zu bewegen. Von nun an bekam ich Interesse und spielte ab und zu mit.

Seit den Ferien mit Ursula ging es mir langsam besser. Ich begann wieder zu essen und verbrachte mehr Zeit mit Erna. Zu ihr hatte ich Vertrauen, sie nahm mich, wie ich war.

In dieser Zeit machte ich mir oft Gedanken über meine Zukunft. Ich wollte meine Lehre unbedingt abschließen. Doch das schien mir unrealistisch, zumal ich während des vergangenen Jahres fast alles vergessen hatte. Wenigstens erwachten neue Lebensgeister in mir. Seit Langem spürte ich mich wieder, es war ein gutes Gefühl. Als ich mich entschlossen hatte, die Prüfung nachzuholen, besorgte ich mir die nötigen Lehrmittel und fing zu lernen an. Zu diesem Zweck erhielt ich ein Einzelzimmer. Nach einem Jahr wurde ich aus der „Burg" entlassen. Ich fühlte mich unsicher und hatte Angst vor der Reaktion der Leute.

So saß ich in der neuen Klasse. Mitten im Schuljahr war ich dazugestoßen. Würde ich wohl aufgenommen? Im Büro hatte ich auch den Anschluss verpasst. Langsam sollte ich für die Abschlussprüfung lernen. Wiederum machte sich eine Kraft in mir bemerkbar, wie ich sie so noch nicht kannte. Ich hatte Zuversicht. Der Termin kam näher. Ein Mitarbeiter empfahl mir einen Geistheiler, der mir aus der Ferne helfen würde. Ich war froh um jede Hilfe und ich war vorbereitet.

Am ersten Prüfungstag war ich ganz ruhig und auch froh, dass ich endlich die Gelegenheit für einen Abschluss bekam. Zuerst wurden wir in der Praxis geprüft. Ich zeichnete wie wild drauflos, hatte keinen Hänger und beendete die Arbeit in der vorgegebenen Zeit. In der Theorie hatte ich etwas mehr Mühe, da ich im vergangenen Jahr doch einiges vergessen hatte.

An einem Sonntag, ich war gerade bei Reto, klingelte das Telefon. Am anderen Ende meldete sich ein Herr Holdener. Er sei Architekt und habe die Abschlussarbeiten in der Sparte „Technische Zeichnungen" geprüft und bewertet. Ich hätte die besten Arbeiten abgeliefert, ob ich am Montag bei ihm zu arbeiten anfangen wolle. Natürlich habe ich ihm zugesagt. Plötzlich war ich vom Glück verfolgt. Es ging mir richtig gut, wenn ich bedachte, dass ich vor einem halben Jahr noch in der „Burg" lebte und mit Depressionen zu kämpfen hatte.

Am Montag erschien ich pünktlich zur Arbeit. Mein erster Arbeitstag als Ausgelernter lag vor mir. Ich war überhaupt nicht nervös und freute mich auf die Welt der Architektur. Herr Holdener hatte einen Sohn in meinem Alter, mit ihm hatte ich die Gewerbeschule besucht. Nun begann er zu studieren, was wohl der Grund war, weshalb mein Arbeitsplatz noch frei war. Mein Chef machte einen äußerst sympathischen Eindruck. Er zeigte mir das Büro und wies mir meinen Arbeitsplatz zu. Neben mir arbeiteten noch zwei Bauführer, ein zweiter Hochbauzeichner und zwei Sekretärinnen. Sogleich sagte Herr Holdener, dass ich verantwortlich sei für die beiden Lehrlinge. Ich freute mich über die spannende Aufgabe und richtete meinen Arbeitsplatz ein. Was hatte ich für ein Glück gehabt. Nicht einmal eine Bewerbung hatte ich schreiben müssen. Selten hatte ich mich so gut gefühlt, ich verspürte eine Energie, wie ich es gar nicht gewohnt war.

Auch meiner Mutter ging es richtig gut. Sie arbeitete in der Großstadt als Serviceangestellte in einem großen Restaurant. Sie wohnte die meiste Zeit bei Gianni, der ihr gut zu tun schien. Ich besuchte die beiden oft und fühlte mich dort sehr wohl. Gianni wurde schon fast so etwas wie ein Ersatz für meinen Vater.

Margrit gehörte schon längst zur Familie. Langsam wandelte sich unser Verhältnis von der Ersatzmutter zur Freundin. Ich hatte sie wahnsinnig gern.

Simon und Thomas waren zwölf und zehn Jahre alt. Ich besuchte sie mit Karin regelmäßig und ihre Pflegemutter legte uns keine Steine in die Wege.

Wir hatten uns entschlossen, den Wohnort zu wechseln. Doch vorher wollte ich Frau Zecker noch die Meinung sagen. Seit einem halben Jahr arbeitete ich nun bei Herrn Holdener. In mir wuchs eine Energie, wie ich sie noch nie gespürt hatte. Ich fühlte mich sehr stark, selbstsicher und unverwundbar. Da ich lange Zeit unten durch müssen hatte, nahm ich an, das sei jetzt der Normalzustand. Also klingelte ich bei Zeckers. Es war Mittag, Essenszeit. Frau Zecker öffnete. Sofort fing ich an, sie zu beschimpfen. Ich baute mich vor ihr auf und holte meine ganze Kindheit hervor. Plötzlich hatte ich ein glasklares Gedächtnis. Ich warf ihr alle Verletzungen, die sie mir angetan hatte, an den Kopf. Sie weinte schon lange. Ihr Mann stand stumm hinter ihr und ließ mich gewähren. Ursula verließ wutentbrannt das Haus und Herr Gubser, der Vater von Pascal, rief durch das Treppenhaus hinauf: „Endlich sagt mal jemand diesem Tratschweib die Meinung." Auf diese Art verabschiedete ich mich vom Haus, in dem ich meine Kindheit und Jugend verbracht hatte.

# 8. KAPITEL

Inzwischen hatte ich begonnen, Gitarre zu spielen. Musik hat mir immer gefallen. Ebenso trainierte ich weiterhin Karate, so intensiv, als ginge es ums Überleben. Daneben malte ich Bild um Bild. Woher kam nur diese Energie?

Das Glück war weiterhin auf meiner Seite. Als einmal sehr viel Geld im Jackpot lag, habe ich Lotto gespielt. Und fünf Richtige angekreuzt. Ich konnte es kaum fassen. Es hätte noch viel besser kommen können. Meine sechste angekreuzte Zahl war eine vierzehn. Zusatzzahl war sechzehn und die Zahl für den Sechser eine fünfzehn. Ich freute mich trotzdem riesig und kaufte mir eine gute Stereoanlage.

Zu der Zeit unternahm ich viel mit Adrian. Mit ihm hatte ich schon die Sekundarschule und später die BMS besucht. Wir verstanden uns blendend. Wir „trampten" an viele Open Airs oder verbrachten den Abend nach der Arbeit miteinander. Doch plötzlich sagte er zu mir, ich fände immer alles gut, sei von allem begeistert und sei ständig mit Energie geladen. Ich hörte wohl, was er sagte, doch ich konnte nichts damit anfangen. Ich fühlte mich ausgezeichnet und tat seine Worte, die als Kritik gemeint waren, als nichtssagend ab.

Seit einiger Zeit besuchte ich einen Arzt für Therapiezwecke. Sein Name war Dr. Angehrn. Bei ihm war ich vorerst nur einmal im Monat. Er hatte zu diesem Zeitpunkt noch keine Bemerkung gemacht, also musste alles in Ordnung sein.

Einmal ging ich in die Disco, weil mir nach tanzen war. Immer noch war ich getrieben von einer unbändigen Kraft, was sich an meinem Tanzstil ablesen ließ. Ich wütete unermüdlich auf der Tanzfläche, ja ich baute sogar Karate-Elemente ein. Die Umgebung nahm ich nicht mehr wahr, und das stundenlang. Mein Selbstvertrauen war riesig und ich fühlte mich unglaublich gut. Als ich schließlich am Ende der Bar eine Pause machte, stellte sich ein Mann als Besitzer der Diskothek vor. Er sagte, ich falle auf und er wünsche, dass ich sein Etablissement verlasse. Ohne Diskussion ging ich nach draußen. Ich war verletzt und machte mir Gedanken. Schon Adrian hatte mich auf meine Energie angesprochen. Doch ich war nicht in der Lage, etwas zu ändern.

Später saß ich in einer Runde mit vier Männern. Ich fühlte mich kräftig, voller Energie und hellwach. Wir diskutierten miteinander über dies und das. Ich spürte, dass ich mich in jeden Einzelnen einklinken und ihre Sätze beenden konnte. Zudem war ich omnipräsent und wusste schon im Voraus, in welcher Stimmung meine Mitredner waren. So etwas hatte ich noch nie erlebt. Ich wies jeden darauf hin, nicht zu sagen, was er gerade sagen wollte. Ich zog alle Fäden und verblüffte, indem ich alle dort abholte, wo sie gerade waren. Im Raum war ein Knistern und die Spannung war spürbar. Der eine Kollege wurde unruhig und ich dachte, dass genau er mir feindselig gesinnt war. Doch er verharrte in der Runde. Mir machten diese Stunden etwas Angst, kam es mir doch so vor, als hätte ich einen direkten Zugang zu den Gefühlen der anderen. Wieder war ich aufgefallen. Bald mal müsste ich Pascal aufsuchen und mit ihm darüber reden.

So vergingen noch ein paar Wochen, als ich eines Abends am See spazieren ging. Plötzlich hatte ich Lust, an holzigen Jalousien meine Schlagkraft zu testen. Wie ich es im Karate gelernt hatte, schlug ich mit meiner Faust und mit aller Kraft den Laden kaputt. Gleichzeitig spürte ich einen leichten Schmerz im kleinen Finger der rechten Hand. Innerhalb der nächsten Stunde schwoll dieser stark an, worauf ich ihn mit Eis kühlte. Weil nichts nützte, suchte ich am anderen Tag einen Arzt auf. Dieser eröffnete mir, der Finger sei dreifach gebrochen und er würde ihn sogleich gipsen. Ich tänzelte in der Praxis umher und erzählte ihm Witze. Meine Energie befand sich auf dem Höhepunkt. Er verpasste mir einen Gips vom Finger bis zum Ellbogen. Dann sagte ich zum Arzt:

„Sehen Sie, ich habe überhaupt keine Schmerzen", und schlug die rechte Hand mit aller Gewalt an die Wand. Der Gips zerfiel, worauf der Arzt ein kurzes Telefongespräch führte. Wenig später erschienen zwei Polizisten in der Praxis. Ich konnte es nicht fassen, dass sie meinetwegen gekommen waren, um mich zum Bezirksarzt zu begleiten. Dort fiel mir als Erstes die Arztgehilfin auf, mit der ich ein wenig flirtete. Auch sie war freundlich mir mir.

Der Doktor saß hinter seinem breiten Schreibtisch. Die Polizisten standen hinter mir. „Herr Hauser, Ihnen geht es nicht gut, wir müssen sie in die ‚Burg' einweisen." Ich war schockiert und aggressiv. „Nicht in die ‚Burg'!" Ich wusste ja vom ersten Mal, wie schmerzvoll ein Aufenthalt dort war. „Lass mich los, du Schwuler", beschimpfte ich den Arzt. Dann wehrte ich mich gegen die Polizisten, bis sie mir die Handschellen anlegten.

# 9. KAPITEL

Auf der Fahrt zur „Burg" sagte ich kein Wort. Was würden wohl meine Mutter und meine Schwestern sagen? In der Zentrale der Klinik, als sie mich von den Handschellen befreiten, wehrte ich mich. Ich wollte nicht hier sein und so kämpfte ich mit den Polizisten, entriss dem einen das Funkgerät und trampelte auf ihm herum. Dem anderen riss ich die Brille vom Kopf und zerstörte sie. Nach einer Viertelstunde hatten sie mich überwältigt und würgten mich so lange, bis ich ohnmächtig wurde.

Aufgewacht bin ich dann schließlich in der geschlossenen Abteilung A2-A. Wo war ich nur hingeraten? Abgeschlossene Türen, wie damals bei Vater. Dabei war es mir doch so gut gegangen. Ich war optimistisch, energiegeladen und immer gut gelaunt. Ich konnte mich nicht erinnern, dass es mir schon mal so gut gegangen wäre. Nein, ich konnte nicht akzeptieren, hier zu sein! Noch befand ich mich auf einer Sitzgruppe im Eingangsbereich. Ich erschrak ob meinen Aggressionen und sah nur noch die Telefonkabine.

Ich wollte hier raus. Und sah nicht ein, warum ich festgehalten wurde. Schließlich fühlte ich mich gut, ich war kräftig und verstand nicht, warum ich in einer geschlossenen Abteilung sein musste. Mir kam mein Vater in den Sinn, und der war schon zehn Jahre eingesperrt. Musste ich dasselbe Schicksal erleiden?

Plötzlich ergriff ich die Tür der Telefonkabine und riss sie heraus. Ich verspürte unmenschliche Kräfte und begann die Seitenwände herauszureißen und in den Wohnraum zu schmettern. Nebenbei nahm ich wahr, dass alle Patienten von der Sitzgruppe flüchteten. Sogleich erfasste ich den Pingpong-Tisch und schleuderte ihn in die Ecke. Ich wollte nicht eingesperrt sein und war total aufgeregt und stark wie ein Stier. Ob des ganzen Kraftaktes war mir entgangen, dass ich von zwölf Pflegern umzingelt wurde. Alles nur Männer. Einer hatte eine Spritze in der Hand und versuchte, mich zu beruhigen. Doch ich war nicht fähig, ihm zuzuhören. Die

Spritze machte mir Angst. Der Kreis begann sich zu schließen. Ich konzentrierte mich auf den Mann mit der Spritze. Mit ein paar Fußtritten hielt ich die Meute von mir fern. Aber die Übermacht war erdrückend und sie bekamen mich zu fassen. Viele Hände drückten mich zu Boden. In diesem Moment spürte ich einen brennenden Stich in meinem rechten Bein. Sofort trugen sie mich in ein Zimmer, das nur ein Bett aus Kunststoff enthielt und nichts anderes. In der Ecke stand eine Toilette. Abgeschlossen war der Raum mit einer zehn Zentimeter dicken Eichentüre. Später sagte man mir, das sei ein Isolierzimmer.

Sofort schlief ich ein. Als ich wieder aufwachte, brannte mein rechtes Bein, ich konnte es kaum bewegen. Noch nach drei Tagen spürte ich die Nachwirkungen der Spritze. Festgehalten zu werden und mit aller Gewalt eine Spritze verpasst zu bekommen, empfand ich als psychische Vergewaltigung. Wahrscheinlich hatte ich ihnen keine andere Wahl gelassen.

Eine Woche verbrachte ich in der sogenannten Loge. Wenn das Essen hereingeschoben wurde, musste ich auf dem Bett sitzen. Langsam wurde ich ruhiger und ich wusste, um hier herauszukommen, musste ich mich benehmen. Ich fühlte mich sehr einsam und war mir nicht bewusst, was mit mir nicht stimmte. Am achten Tag öffnete eine Pflegerin die Tür und sagte, ich könne herauskommen. Ich wollte brav sein und die Regeln befolgen. Die Einzelhaft hatte bei mir einen tiefen Eindruck hinterlassen. Sie zeigte mir ein normales Zweierzimmer. Alles war besser als die „Loge". Es hatte Kästen und am Rand stand ein Tisch mit zwei Stühlen. Am Fenster hingen Vorhänge. Wie war ich froh, der Isolation entkommen zu sein.

Meine Aggressionen waren kaum mehr spürbar. Sehr erleichtert begab ich mich zur Sitzgruppe, wo ein junger Mann mit einer schwarzen Lederjacke saß. Er hatte kurzes Haar und war von sehr kräftiger Statur. Er erzählte mir, er sei achtzehn Jahre alt und vor zwei Jahren in die „Burg" gekommen. Ich dachte mir, dass dies doch kein Ort sei für Teenager. Wir unterhielten uns noch ein Weilchen. Sein Name sei Klaus, verriet er mir. In den nächsten Tagen freundeten wir uns an. Überhaupt kam man sich hier schneller näher, möglicherweise, weil niemand etwas zu verlieren hatte.

Als ich nochmals in die „Loge" musste, durfte ich Farben mitnehmen. So fing ich an zu malen, viele Tage hintereinander und mit voller Hingabe. Meine Leinwand waren die vier Wände. Auf einer thronte ein riesiges Kreuz im Sonnenuntergang, auf einer zweiten eine Blumenwiese. Kein Fleck war unbemalt. Als die Tür wieder geöffnet wurde, wollten alle mein Gemälde sehen. Eine Völkerwanderung hatte eingesetzt. Die Pfleger sagten, dass die Wände erst weiß überstrichen würden, wenn ich die Isolierzelle nicht mehr brauche. Ich verspürte unglaubliche Kräfte, physisch und psychisch. Auf der Abteilung war ich der unumstrittene Chef. So einflussreich war ich bisher noch nie gewesen. Klaus saß ständig bei mir. Ich hatte großen Einfluss auf ihn. Obwohl er sich von niemandem etwas sagen ließ und genau wusste, was er wollte, spürte ich den großen Respekt, den er mir entgegenbrachte. Tagsüber arbeitete er auf einem Bauernhof, von wo er immer wieder Bratwürste, Eier oder Käse mitbrachte. Er bekam die Lebensmittel geschenkt und verkaufte sie auf der Abteilung. Er war ein guter Geschäftsmann und schlug aus allem Profit. Schon bald beherrschten wir zwei die Szene. Während ich alle Fäden zog, hielt Klaus mir den Rücken frei. Langweilig wurde mir nie. Ich hoffte, diese Kraft und diesen Optimismus nach draußen retten zu können.

Anderntags hatte ich einen Termin beim Arzt. Nach einem kurzen Gespräch eröffnete er mir schonungslos, dass ich an einer manisch-depressiven Erkrankung leide. Sollte meine gefühlte Stärke in der Tat nur eine Krankheit sein? Oder war das alles ein Betrug? Natürlich wusste ich selber, dass meine Verfassung nicht normal war, musste ich doch stets starke Medikamente schlucken. Manchmal schienen sich meine Kräfte durch diese Mittel noch zu verstärken. Ich wurde nachdenklich. Meine Krankheit hatte also einen Namen, aber ich wusste überhaupt nicht, was sie bedeutete und was ich gegen sie unternehmen konnte.

Auf der Abteilung stand ein Pingpong-Tisch, an dem hauptsächlich das Pflegepersonal – unglaublich gekonnt und profimäßig – spielte. Nicht weiter erstaunlich, angesichts der vielen Stunden Übung, die sie hatten. Auch ich liebte dieses Spiel und verbrachte viel Zeit damit.

Ab und zu durften wir einen Spaziergang machen. Wenn einer fluchtgefährdet war, musste er alleine mit dem Pfleger gehen. Die anderen in Gruppen. Die Umgebung war traumhaft. Das Essen wurde auf der Abteilung serviert. Ich empfand die Essenspause immer als eine Etappe des Tages. Manchmal konnte ich nicht gut schlafen. Dann begab ich mich in das Wohnzimmer. Meistens war noch jemand anders da. Die besten Gespräche fanden in diesem Rahmen statt. Ich empfand die Bekanntschaften als sehr ehrlich und voll von Vertrauen. Im Gegensatz zu „draußen" schien man hier nicht so schnell eine Mauer aufzubauen.

Eines Tages eröffnete mir Klaus, er wisse, wo die Kasse der Ergotherapie aufbewahrt werde. Sie sei im Wohnraum in einem Kasten mit der Nummer zwölf untergebracht. Die Schrankwand bestand aus zwanzig kleinen Schränkchen. Nummer zwölf befand sich einen Meter zwanzig über dem Boden. Klaus flehte mich an, er brauche Geld. So startete ich einen gekonnten Fußtritt und das Türchen brach auseinander. Klaus ergriff die Kasse und rannte davon. Natürlich wurden wir erwischt. Der Arzt attestierte mir immer noch Aggressionen.

Einmal wurde eine junge Frau eingewiesen. Sie war extrem unruhig, sehr laut und aggressiv. Sie lief im Korridor umher und schrie unaufhörlich. Pascal war gerade bei mir auf Besuch. Als dann plötzlich fremde Pfleger zur Tür hereinplatzten und ich im Hintergrund einen Pfleger mit einer Spritze in der Hand sah, handelte ich schnell. Ich wollte der Frau unbedingt das traumatische Erlebnis der Zwangsspritzerei ersparen. So warf ich mich an die Frau heran, stieß einige Pfleger weg und schrie mit aller Kraft: „Sie kommt freiwillig in die Isolation!" Dann führte ich sie noch nach hinten, wo sie auch blieb.

Die Pfleger zogen mitsamt der Spritze wieder ab. Pascal, der alles beobachtet hatte, fand das eine große Show. Ich glaube, er hatte auch ein wenig Angst.

Generell war ich zufrieden mit dem Pflegepersonal. Alle boten einem das Du an. Auch mit den Ärzten hatte ich keine Probleme. Langsam realisierte ich, dass mir hier geholfen wurde.

An einem regnerischen Mittag wurden wir alle ins Wohnzimmer gebeten. Der Oberarzt setzte mit ernster Stimme zu einer Bekanntmachung an; er habe uns eine traurige Mitteilung zu machen. Benjamin, ein Mitpatient von uns, sei heute Morgen unter den Zug gegangen. Sie boten uns ihre Hilfe an, für den Fall, dass wir reden wollten. Ich konnte die folgende Nacht nicht schlafen, hatten Benjamin und ich uns doch zwei Monate gekannt.

Eine Patientin war magersüchtig. Sie bestand nur noch aus Haut und Knochen. Gehen konnte sie nicht mehr, sie kroch die Wände entlang. Ihre Augen quollen riesengroß aus den Augenhöhlen, was im Vergleich zum totenkopfähnlichen Gesicht surreal aussah. Im vollen Ernst behauptete sie immer, zu dick zu sein. Eines Tages holte sie ein Krankenwagen ab ins Spital, wo sie – so hörte ich – später starb.

Ich fühlte mich immer besser, die übermäßige Energie und die Aggressionen verschwanden. Mein Austritt stand kurz bevor. Langsam wurde ich nervös. Würden meine Mitarbeiter mich noch ernst nehmen? Oder meine Freunde und meine Familie? Und würde ich in der Arbeit bestehen? An einem sonnigen Freitag konnte ich austreten. Den Wohnort hatten wir ja inzwischen gewechselt, ich wohnte anfangs mit Mutter und Karin.

# 10. KAPITEL

So fing ich wieder an zu arbeiten. Mein Chef eröffnete mir, dass er mir Stundenlohn bezahlen werde. Ich war gar nicht erfreut. Ich hatte doch schon genug gelitten, jetzt wurde ich noch bei der Entlohnung bestraft. Dazu kam, dass ich zwei Monate lang nur stundenweise arbeiten durfte. Der manische Schub hatte mich doch sehr geschwächt. Trotzdem war ich guter Dinge, ich hatte einen unglaublichen Trip erlebt, unbändige Energie gehabt und einen grenzenlosen Optimismus verspürt. Es sollte doch möglich sein, diesen Zustand in einer gesunden Phase zu erlangen.

In dieser Zeit traf ich in einem Restaurant auf die Arztgehilfin des Bezirksarztes, der mich eingewiesen hatte. Wir kamen ins Gespräch, sie verriet mir, dass sie Claudia heiße. Für mich war es Liebe auf den ersten Blick. Wir verabredeten uns wieder und verliebten uns ineinander. Schon bald wohnte sie teilweise bei mir. Meine Mutter lebte wieder bei Gianni und Karin suchte sich etwas Eigenes. Man könnte sagen, dass es mir zeitweise recht gut ging. Trotzdem quälten mich manchmal Depressionen oder ich war sehr melancholisch. Auf diese Weise verhielt es sich etwa ein Jahr lang. Dann wurde ich plötzlich unruhig. Ich war so umtriebig und rastlos. Claudia machte sich Sorgen und tauschte sich mit Mutter aus. Mein Arzt verordnete mir mehr Medikamente und bestellte mich in kürzeren Intervallen zu sich.

Sollte nun alles wieder von vorne beginnen?

Als mein Arzt meinte, er müsse mich einweisen, bin ich abgehauen und habe mich im Wald versteckt. Ich wurde ausgeschrieben und von der Polizei gesucht. Erstmals fühlte ich mich verfolgt und ich wusste nicht mehr, was Realität und was Einbildung war. Später überfiel mich die Polizei zu Hause und führte mich in Handschellen ab. Was war nur mit mir los? Würde ich die Kraft haben, all das noch einmal durchzustehen?

So landete ich wieder in der „Burg". Wieder wehrte ich mich, als ginge es ums Überleben, doch die Zwangsspritze blieb mir nicht erspart. Als ich in der Isolierzelle erwachte, fühlte ich mich unverwundbar. Nichts konnte mich aufhalten. Ich wollte hier raus, die Wände erdrückten mich. Je mehr Medikamente ich bekam, umso stärkere Kräfte spürte ich in mir. Dann habe ich ein paar Stunden meditiert und mich auf die dicke Holztüre konzentriert, welche, auf die ganze Höhe verteilt, mit drei Schlössern versehen war. Es folgten Dutzende von Fußtritten, mit aller Gewalt und gezielt auf das mittlere Schloss, so lange, bis die Türe aus der Verankerung sprang. Sie hing schräg und sofort kamen Pfleger angerannt. Ein Schreiner musste mit der Bohrmaschine die Türe bearbeiten und ich bekam eine neue. Ich fühlte mich unbesiegbar, war ich doch der Erste, der je aus der „Loge" ausgebrochen war.

Auf der Abteilung befand sich noch ein anderer Maniker. Man kann sich nicht vorstellen, welche Unruhe herrscht, wenn zwei wie ich aufeinandertreffen. Einer musste ständig weggesperrt werden. Um uns herum war die Luft elektrisiert, Energie füllte den Raum.

Ich bekam sehr viele Medikamente. Während der Körper sich müde, ja fast wie gelähmt anfühlte, war der Geist hellwach und glasklar. Es kam mir vor, als hätte sich eine körpereigene Droge aktiviert. Dann lernte ich den knapp zwanzig Jahre älteren Bernhard kennen, der sehr gerne für seine Mitpatienten kochte, aber ein Alkoholproblem hatte. Er war mir sehr sympathisch. Wir verbrachten viel Zeit miteinander. Wenn ich Schmerzen hatte wegen der vielen Medikamente, spielte er mir auf dem Klavier vor. Auch Tina hing mit uns rum. Sie hatte die gleichen Probleme wie Bernhard.

# 11. KAPITEL

Nach vier Monaten war ich so weit genesen, dass ich austreten konnte. In dieser Zeit hatte ich 35 Kilo zugenommen. Also musste ich draußen einerseits meinen Schub rechtfertigen und anderseits erklären, warum ich plötzlich so schwer war. Ein wahrlich schwieriger Einstieg!

Ich fing an, Teilzeit zu arbeiten im Büro Holdener. Meine volle Leistung konnte ich lange Zeit noch nicht abrufen. Doch ich hatte Freude an der Architektur und war immer noch überzeugt, den richtigen Beruf gewählt zu haben.

Claudia habe ich geliebt und wir hatten eine gute Zeit. Einmal fuhren wir an den Gardasee. Diese Ferien gefielen mir sehr. Noch heute erinnere ich mich an die gute Stimmung, die herrschte, als ab „Tape" Billy Idol lief; „You don't need a gun" oder „Rebell yell". Auch die Rolling Stones mit „Harlem Shuffle" oder Susan Vega mit „My name is Luca" haben mich das ganze Leben begleitet. Claudia war eine echte Bereicherung für mich.

Bruno, der Partner von Ursula, war auch sehr energiegeladen. Er arbeitete im Betrieb seines Vaters, einer Firma, die Hörgeräte herstellte. Eines Tages hatte er die Idee, wir könnten einen Schwimmclub gründen. Schwimmen war sowieso ein Hobby von mir. Also nahmen wir noch Andreas, den besten Freund von Bruno, ins Boot und stellten den Club auf die Beine. So richtig mit Statuten, Mitgliederbeiträgen, Strafgeld und Generalversammlung. Ich wurde zum Präsidenten gewählt. Fortan gingen wir jeden Donnerstag schwimmen. Das sollte zwanzig Jahre anhalten. Einmal im Jahr unternahmen wir eine Reise, eine dreitägige Velotour, einen Oktoberfestbesuch oder auch mal nach Lanzarote.

In diesem Jahr heirateten Ursula und Bruno. Ich war froh, dass es mir gut ging und ich an der Hochzeit teilnehmen konnte. Claudia war auch dabei. Wir machten eine Reise an den Rheinfall. Jetzt war Ursula also „unter der Haube"; sie schien glücklich zu sein.

Die Zeit verging, als sich meine Stimmung wieder zu ändern begann. Ich spürte wieder eine starke Energie aufkommen. Für mich war es unmöglich zu erkennen, dass ich krank wurde. Ich fühlte mich vermeintlich gut. Die Beziehung zu Claudia hat sehr darunter gelitten. Sie blieb öfters fern.

Im Dorf befand sich ein Musikinstrumentenladen. Eines Tages betrat ich ihn selbstbewusst und wandte mich sogleich an die Inhaberin und erklärte ihr unmittelbar, dass ich gerne die beste und teuerste Gitarre hätte. Mit glänzenden Augen und überfreundlich deutete sie auf eine „Washburn" im Schaufenster. Das sei ihr bestes Stück, ja sie habe sogar eine vergoldete Mechanik. Kurz entschlossen kaufte ich sie. Die Verkäuferin war derart begeistert, dass sie mir noch zwei Bluesharps schenkte, und verabschiedete sich überschwänglich.

Ich fiel wieder auf. Meine Mutter bat mich, den Arzt aufzusuchen. Sie hatte schon einen Termin vereinbart. Dr. Angehrn fackelte nicht lange und erklärte mir, dass er jetzt eine Spritze mit Beruhigungsmitteln geben würde und anschließend die Polizei rufen werde. Ich ließ es mit mir geschehen, auch wenn ich die Notwendigkeit nicht einsah. Die Polizei legte mich in Handschellen und führte mich zu Fuß zum Polizeiposten. Dieser eine Kilometer Fußmarsch kam einem Spießrutenlauf gleich, da ich doch hier aufgewachsen war und einige Leute kannte.

# 12. KAPITEL

Von da fuhren wir eine Stunde zu einer Klinik mit dem Namen „Grenze". Ich aber wollte in die „Burg" und protestierte im Auto vehement. Mein Blut kochte und ich wurde so richtig aggressiv. Unter Gewaltanwendung und mithilfe mehrerer Pfleger drängten mich die Polizisten auf eine Abteilung. Es war die Aufnahme, wo in einem Raum acht Betten standen. Neben jedem Bett stand ein massives Nachttischchen und von der Decke bis zum Boden hingen schwere Vorhänge. Noch hatten sie mir keine Medikamente verabreicht. Ich war rasend vor Wut und wollte in die „Burg". Sie lag näher bei meinem Zuhause und dort kannte ich mich aus. Ich musste hier raus. Ich war gerade mal eine Viertelstunde hier, als ich fast explodierte und alle Vorhänge von der Decke riss. Dann schmetterte ich mit aller Gewalt einen Nachttisch ins Fenster, welches aus Panzerglas bestand. Der Aufprall war derart brachial, dass die Scheibe splitterte und ein manngroßes Loch im Fenster klaffte. Die Vorhänge drapierte ich halbkreisförmig vor mich hin – als Grenze, die niemand übertreten durfte. Zusätzlich behändigte ich mich des schweren Metallstabes, der vom völlig demolierten Nachttisch abfiel, und schwang ihn bedrohlich hin und her. Der Arzt versuchte mit einer Spritze in der Hand zu mir zu gelangen. Doch ich spürte, dass sie alle Angst hatten. Zehn Minuten später sprang die Tür auf und es stürmten acht Polizisten in Kampfmontur hinein. In diesem Moment ließ ich die Stange fallen und mir die Handschellen anziehen. Ich folgte ihnen wortlos.

Mit dem Auto fuhren wir nur gerade drei Minuten zu einem einstöckigen Gebäude.

Zuerst musste ich eine Schleuse passieren und nach diversen abgeschlossenen Türen gelangten wir in einen Raum, wo ich mich vollständig ausziehen musste und Anstaltskleider bekam. Durch eine weitere abgeschlossene Türe kam ich in einen großen Raum. Neun Häftlinge arbeiteten verteilt an vier Tischen. Die Tische mit Metallbeinen sowie die Bänke waren im Boden verankert. Zur rechten Seite befanden sich fünf Zellen, welche, wie sich später herausstellte, zur Einzelhaft dienten. Hinter den Tischen befand sich ein Raum mit fünf Betten. Alle vier Wände bestanden aus Panzerglasscheiben. Der Raum wurde „Aquarium" genannt. Daneben gab es nur noch einen Frischluftraum mit vergitterter Decke. Das war alles. Im Raum mit den Tischen wurde gegessen, gearbeitet, in der Freizeit gespielt und am Abend wurde ferngesehen. Ein Mithäftling sagte mir, ich sei hier im Hochsicherheitstrakt Z1, von wo noch niemandem die Flucht gelungen sei.

Ich wollte nicht hier sein, ich wollte in die „Burg". Immer noch war ich äußerst aggressiv und schlug wie wild an eine Türe. Die Wärter fackelten nicht lange und bezwangen mich mit grober Gewalt, schleppten mich ins „Aquarium" und fesselten mich mittels Lederriemen und Vorhängeschlössern ans Bett. Schon nach zehn Minuten gelang es mir, das Schloss an der rechten Hand aufzusprengen. Sofort sprangen einige Wärter herein und zerrten mich in die Einzelhaft, wo ich wieder ans Bett gekettet wurde. In der Nacht sollte ich dringend auf die Toilette. Doch alles Rufen nützte nichts. Mir blieb keine andere Wahl, als alles laufen zu lassen. Wie weit war ich gesunken?

Ich habe so sehr gelitten wie noch nie in meinem Leben, eingesperrt mit Mördern.

Und ein paar Tage davor, an Ostern, hatte Claudia mittels Brief Schluss gemacht. Ich war sehr traurig.

Nach drei Wochen durfte mich meine Mutter besuchen. Selbst im Besucherraum stand eine Wache. Wir durften uns nicht berühren. Als ich sie sah, begann ich sofort zu weinen und flehte sie an, mich hier herauszuholen.

Die Zeit schien still zu stehen. Sie hatten meinen Willen gebrochen. Erst nach fünf Wochen im Hochsicherheitstrakt der „Grenze" brachte man mich auf eine normale Abteilung. Meine Mutter und Dr. Angehrn bewirkten, dass ich in die „Burg" überführt wurde. Dort wurde ich wieder gesund und konnte nach fünf Monaten entlassen werden.

# 13. KAPITEL

Ich fing wieder an zu arbeiten. Die Verantwortung für die Lehrlinge machte mir besonders Spaß und mein Wissen gab ich gerne weiter.

Ursula hatte schon eine Tochter. Jetzt gebar sie einen Sohn. Sein Name war Sven. Ihm durfte ich Götti sein. Ich war sehr stolz und beeindruckt von diesem kleinen, unschuldigen Wesen. Für mich war der kleine Wurm eine Bereicherung.

Schon länger besuchte ich für Therapiezwecke Dr. Angehrn, in akuten Zeiten einmal die Woche, sonst in längeren Abständen. Ich lernte viel über mich und konnte über meine Kindheit sprechen. Zu ihm hatte ich großes Vertrauen.

Ich war ein Jahr lang stabil, als ich einige Male eine FEG, eine freie evangelische Gemeinde, in der Großstadt besuchte. Etwa zweihundert Mitglieder trafen sich jeden Sonntag. Ab und zu kam ein Prediger aus Amerika, der Leute heilte. Das faszinierte mich. Überhaupt hatte ich großes Interesse an Spiritualität. Einen ersten Einblick hatte ich ja bereits als Kind beim Ministrieren erhalten.

Zu der Zeit fiel mir vermehrt auf, dass ich manchmal spürte, einen Anruf zu erhalten, bevor das Telefon klingelte. Bei meinem bewegten Innenleben erstaunte mich das nicht weiter. Doch jetzt erlebte ich solche Vorahnungen im gesunden Zustand, nicht während eines manischen Schubes.

Ziemlich regelmäßig verkehrte ich in der FEG. Der Kollege, der mich motivierte mitzukommen, war schon lange dabei und weckte in mir Begeisterung für diesen Weg. Beten war für mich nichts Neues, nur mit Massenbegeisterung hatte ich Mühe.

Eines Tages sagte meine Kollege, dass ich die Medikamente, die ich zuverlässig einnahm, nicht mehr benötigen würde, da nun Gott für mich sorgen würde. Voller Vertrauen ließ ich von nun an sämtliche Tabletten weg. Ohne dass mich das groß verwundert hätte, wurde ich blitzartig manisch und wollte so schnell nichts mehr von Glaubensgemeinschaften wissen.

Dr. Angehrn sagte, er weise mich in die „Härte" ein, eine moderne Klinik, die er schon kenne. Dieses Mal wehrte ich mich nicht so sehr, als ich den Krankenwagen vorfahren sah. Die ganze Anlage machte einen guten Eindruck. Sogar ein Hallenbad gab es, ein Restaurant und ein Café. Auf der Abteilung war auch ein Tischfussballkasten vorhanden. Im manischen Schub verblüffte ich alle, denn ich spielte unglaublich gut, so als ob die Bälle vom Tor angezogen würden. Neben den vielen Qualen hat so ein Schub auch eine absolut faszinierende Seite.

Manchmal wurde mir das Radio weggenommen, weil ich es zu laut aufdrehte. Dies bedeutete für mich Höchststrafe. Ich brauchte einfach Musik!

Ansonsten war der Aufenthalt in der „Härte" verhältnismäßig aushaltbar. Nach ein paar Monaten konnte ich nach Hause.

Im Büro Holdener spürte ich nach meiner Rückkehr schon bald, dass ich nicht mehr fähig war, die Arbeit zur Zufriedenheit meines Chefs zu erledigen. Diese Tatsache zu akzeptieren, bereitete mir große Mühe. Nach neun Monaten geriet ich an die Sekretärin, zu der ich sehr verletzend und unfair war, worauf mir mein Arbeitgeber kündigte. Sechs Jahre hatte ich insgesamt als Hochbauzeichner gearbeitet und nun war ich mir nicht sicher, ob ich in diesem Beruf noch eine Zukunft hatte. Auch mein gesundheitlicher Verschleiß war während dieser Zeit enorm gewesen. Eine Woche war ich arbeitslos.

# 14. KAPITEL

Dann holte mich Bruno in die Firma seines Vaters. Dort arbeiteten hundertzwanzig Personen. Sie stellten Hörgeräte her. Ich begann im Lager, wo ich vorerst Gestelle beschriftete und Waren einlagerte. Ja, ich war froh, arbeiten zu können, zumal ich mich zu der Zeit ziemlich schwach fühlte. Dankbar nahm ich Brunos Angebot an.

Nach ein paar Monaten wechselte ich in die Spedition, wo ich die Waren für den Versand verpackte. Dort hatte ich eine gute Chefin, die viel Verständnis für meine Situation hatte. Wieder arbeitete ich einige Monate in dieser Abteilung. Dann kam ich in die Qualitätsprüfung, wo ich mich richtig wohl fühlte. Genauigkeit und präzises Arbeiten war einfach mein Ding. Wir waren zu dritt und es gefiel mir ausgezeichnet.

Im selben Jahr machte ich Ferien in Schweden. Ich verreiste mit Adrian. Mit ihm hatte ich schon in der Vergangenheit viel Spaß gehabt und so war es auch in Kalmar. Wir bewohnten ein Häuschen in der Nähe des Meeres und hatten eine wirklich gute Zeit. Adrian war auch sehr sportlich. Er war in einem Veloclub und absolut fit. Eines Abends beschlossen wir, einmal am „Iron Man" in Hawaii mitzumachen. Wir wollten auf dieses Ziel hin trainieren. Ich fühlte mich gut in Schweden und meine Verfassung schien sich zu stabilisieren.

Wieder zu Hause, ging ich meinem neuen Job nach. Ungefähr ein Jahr später, im nächsten Sommer, verabredeten Adrian und ich, nach Comarruga in Spanien zu reisen, um dort zwei bis drei Wochen auf einem Zeltplatz am Meer zu verbringen. Die Vorbereitungen waren voll im Gang. Meine Stimmung war ausgezeichnet, ich sah alles positiv, ganz im Gegensatz zu meiner Mutter, meinen Schwestern und meinen Freunden. Meine verdächtig gute Laune beunruhigte sie.

Ein halbes Jahr vorher rief mich am Abend ein Arzt aus einem Spital an. Er sagte, sie hätten meinen Vater operiert und würden ihn nun notfallmäßig in die Großstadt überfliegen. Sofort alarmierte ich Karin und wir fuhren los. Als wir im Spital ankamen, war er gerade verstorben. Der Arzt sagte, dass Vater im Helikopter kurz zu sich gekommen sei und gefragt habe, wo sein Sohn sei. Er hatte die letzten drei Jahre seines Lebens wieder geredet. Mit seinem Hund war er viel draußen gewesen und hatte im Dorf, wo er wohnte, als Original gegolten. Auf meinem Weg hatte er einen großen Einfluss gehabt und ich bedauerte sehr, dass er so leiden musste.

Meine Mutter bat mich, freiwillig in die „Burg" zu gehen. Ihr zuliebe traf ich am Mittag ein und bekam augenblicklich Medikamente, die ein Pferd lahmgelegt hätten. Ich saß am Boden und kämpfte gegen die Wirkung der Chemie. Es war nicht in meinem Sinn, hier zu bleiben, und ich begann zu meditieren. Schon bald war mein Körper fast gelähmt, aber mein Geist hellwach. Ich kontaktierte den Arzt und sagte zu ihm, ich sei freiwillig gekommen, also könne ich auch wieder gehen, wann ich wolle. Außerdem wolle ich in die Ferien verreisen. Er wusste, dass ich im Recht war und sagte: „Wenn Sie eine Partie Tischtennis gegen mich gewinnen, können Sie austreten." Ich gab alles, wehrte mich gegen die lähmende Wirkung der Medikamente und gewann einundzwanzig zu vier. Ich konnte es kaum glauben, aber ich war frei.

Noch am selben Abend fuhren Adrian und ich los nach Spanien. Kurz vor der Grenze machten wir einen Halt. Wir spielten Frisbee, wie wir es seit Jahren und an jedem Open Air gemacht hatten. Ich fühlte mich unglaublich gut, ich war wieder der Alte. Die Scheibe flog durch die Luft und wir machten Sprünge, wie wir sie vorher noch nie geschafft hatten. Adrian und ich drehten uns gegenseitig in die Höhe. Am Morgen hörten wir Mozarts „Kleine Nachtmusik": die Reise konnte beginnen!

Wir trafen auf dem Campingplatz ein. Er war riesengroß, hatte Meeresanstoß und die Autos fuhren auf dem Platz umher. Also fassten wir unsere Parzelle.

Adrian und ich hatten uns auf der Reise gelegentlich gestritten, darum ging ich am Abend alleine in die Disco. Dort lieferte ich die ganz große Show ab. Ich tanzte, als hätte ich nie etwas anderes gemacht. Ich war eins mit der Musik und nahm meine Umgebung nicht mehr wahr. Mein Körper und mein Geist schienen eine Einheit zu sein. Ich weiß nicht, wie lange ich so tanzte, doch als ich aufhörte, klatschten die Leute am Tanzflächenrand. Ich war völlig überwältigt, aber mir war nicht ganz wohl dabei, aufgefallen zu sein, und ich verließ das Lokal. Am nächsten Tag stritten Adrian und ich erneut. Wir beleidigten gegenseitig unsere Väter, worauf wir uns trennten und jeder seinen eigenen Weg ging.

# 15. KAPITEL

Ich hatte viel meditiert und fing an mich abzuschotten. Das Zeitgefühl hatte ich vollständig verloren. Ich dachte nie darüber nach, wie lange die Ferien schon dauerten oder wohin es mich ziehen mochte.

Eines Tages schwamm ich im Meer. Ich kämpfte gegen die Wellen an. Stundenlang ging das so, schon hatte ich Krampferscheinungen in den Beinen, doch ich gab nicht auf. Als ich schließlich am Ufer ankam, sagte eine Frau zu mir, sie hätte mich beobachtet und sich gedacht, es sehe so aus, als würde ich ums Überleben kämpfen. Mir war unangenehm, dass ich beobachtet worden war, und ich entfernte mich. In dieser Zeit schlief ich wenig, habe fast vergessen zu essen und meditierte stundenlang.

Am nächsten Tag begab ich mich auf einen Felsvorsprung. Er thronte über dem Meer. Ich saß an einem Baum und meditierte lange. Es war ein schöner Ort, ich war ganz alleine. Dann fing ich an mit einer Bodenturnübung. Ich ging vom Spagat in den Handstand und empfand alle Bewegungen als fließend. Je länger ich mich bewegte, umso mehr war ich eins mit meinem Körper. Die Umgebung habe ich nicht mehr wahrgenommen. Ich empfand ein Gefühl der tiefsten Zufriedenheit und empfand mich als Einheit mit dem Universum.

Es musste eine Stunde vergangen sein, als ich die Übung beendete. Ich erschrak, als ich umringt war von einem Dutzend Leuten, welche klatschten und mich beglückwünschten. Eine deutsche Frau sagte, das sei unglaublich gewesen, sie habe alles gefilmt. Wenn ich ihr meine Adresse gäbe, würde sie mir eine Kopie schicken. Ich war wieder aufgefallen und wollte mich daraufhin zurückziehen.

Als ich am Vormittag an der Rezeption vorbeiging, bemerkte ich einen Mann von der Securitas. Bei ihm stand ein junger Mann und weinte fürchterlich. Ich fragte ihn, was geschehen sei. Er antwortete, als er von der Disco zurückgekommen sei, sei das Zelt, welches er mit seinem Bruder teilte, nicht mehr da gewesen. Er wisse nicht, wo es hingekommen sei. Ohne lange zu überlegen forderte ich sie auf, mitzukommen. Bereits sah ich vor meiner Stirne den vorgezeichneten Weg. Während sie mir folgten, lief in mir der Film ab und ich wusste, dass ich am blauen und dann am roten Zelt vorbei musste, dann ans Meer hinunter und die Treppe wieder hinauf. Keine Minute habe ich gezweifelt, den richtigen Weg zu finden. Als wir ungefähr eine Viertelstunde marschiert waren, sagte ich: „Hier ist es." Der junge Mann fiel mir vor Freude um den Hals. Die Platzwache fragte erstaunt, wie ich das gemacht hätte. Doch ich selbst hatte keine Erklärung, ich wusste nur, dass sich hier Unglaubliches abspielte. Mir war aber klar, um nicht weiter aufzufallen, musste ich den Zeltplatz verlassen.

So fuhr ich Richtung Norden, Barcelona war in der Nähe. Als ich in der Vorstadt ankam, liefen ab Band Judas Priest und die Ina Deter Band mit: „Ich sprüh's auf jede Wand, neue Männer braucht das Land". Ich sog die Musik förmlich auf, sie weckte in mir tiefe Gefühle. Alle meine Sinne waren aufs Äußerste geschärft. Ich hatte überhaupt keinen Plan mehr, wie es weitergehen sollte, ich lebte nur noch für den Moment.

An einer Bar machte ich Halt. In einer Ecke stand ein Billardtisch und an der Wand hing ein Geldspielautomat. Nachdem ich etwas getrunken hatte, forderte mich ein Mann zu einer Billardpartie heraus. Da ich mit Adrian vier Jahre lang einmal die Woche gespielt hatte, spielte ich die Kugeln so, als würden sie auf Schienen laufen. Der Mann hatte keine Chance und ich beschloss, den Gewinn beim Geldautomaten einzusetzen.

Wieder passierte etwas Unfassbares. Ich sah die Rollen mit den Symbolen so, als ob sie sich in Zeitlupe drehen würden. Ich wusste immer, welche Erdbeere vor welcher Banane kam und drückte so immer im richtigen Moment. Im Kasten schepperte es unaufhörlich. Ich hörte erst auf, als das Ding vollständig leer war. Die anderen Gäste wurden auf mich aufmerksam. Für mich wurde es Zeit, das Lokal zu verlassen.

Etwas weiter vorne kam ich an eine Tankstelle. Auf dem Kiesplatz stand ein Fass. Ich beschloss, Kieselsteine ins Fass zu werfen. Als die Distanz groß genug war, saß ich auf dem Boden und warf Stein um Stein. In dieser Übung versank ich, bis ich bemerkte, dass ein Polizeiauto anhielt. Die Polizisten deuteten mir, ich solle einsteigen. Ich war mir keiner Schuld bewusst und weigerte mich. Nach langem Hin und Her – ich hatte um mich geschlagen – setzten sie Schlagstöcke ein. Ich schlug zurück, als plötzlich die Militärpolizei kam. Es folgte eine wüste Schlägerei, bei der ich verletzt wurde. Nach heftiger Gegenwehr meinerseits musste ich kapitulieren und landete im Gefängnis. Die Zelle war spartanisch eingerichtet, nicht einmal eine Toilette war vorhanden. Als ich dann aufs WC durfte, packte ich die Gelegenheit, überwältigte einen Wärter und konnte mithilfe der Schlüssel flüchten.

Nun war ich also auf der Flucht. Wie weit war es mit mir gekommen? Ich war nie kriminell gewesen. In diesem Moment war ich unfähig zu erkennen, dass ich krank war. Wo sollte ich hin? Die Angst vor der Polizei war riesengroß. Ich hatte einige Rippen gebrochen. So versteckte ich mich am Strand. Als es Nacht wurde, wollte ich mich unter einem umgekehrten Boot verkriechen. Dort plagten mich Krabbeltiere und Sandflöhe, an Schlaf war sowieso nicht zu denken.

Plötzlich entdeckte ich – in weiter Entfernung – die Polizei. Ich rannte ins Wasser, las noch einen Holzstock auf und zog meine Kleider aus. Dann begann ich zu schwimmen, getrieben von der Angst, wieder im Gefängnis zu landen. Zudem war ich ja ausgebrochen. So schwamm ich unaufhörlich, es müssen Stunden gewesen sein. Meine Arme und Beine spürte ich kaum, doch mein Brustkorb schmerzte. Meine Kräfte waren am Ende. Als ich mich umdrehte, sah ich das Ufer nicht mehr. Panische Angst erfasste mich. Musste ich ertrinken? Mit letzter Anstrengung konnte ich mich über Wasser halten.

In meiner Todesangst fing ich weinend an zu beten. Ich flehte um Hilfe. In diesem Moment fing der Holzstock an zu leuchten wie eine Neonröhre. Ich schwenkte ihn hin und her. Vor mir sprangen Fische in die Luft, als würden sie tanzen. Dann bat ich die höhere Macht, sie möge mir den Weg weisen. Gleichzeitig ging am Horizont eine leuchtend rote Sonne auf, sodass ich das Ufer erkennen konnte. Glücklich und mit dem Gefühl, geführt zu werden, schwamm ich ans Ufer. Das Erlebte empfand ich als ein Wunder und von nun an war die Existenz des Schöpfers für mich eine Gewissheit, keine Glaubensfrage. Ich würde mich der Polizei stellen und nicht mehr flüchten. Also schwamm ich ans Ufer und ließ mich festnehmen.

Die Polizei fuhr mich in ein Spital, wo meine Verletzungen behandelt wurden. Dann sperrten sie mich ins Zentralgefängnis, wo ich eine Zelle mit elf anderen teilte. Einer wollte sich sogleich an mir vergreifen. Mit einem gekonnten Beinschlag setzte ich ihn außer Gefecht. Als alle wie wild anfingen zu schreien, bekam ich eine Einzelzelle. Nach drei Tagen wurde ich abgeholt. Sie sperrten mich in einen Gefängniswagen und fuhren los.

Wo sollte es hingehen? Ich bekam Angst. Die Ungewissheit zermürbte mich. Nach einer einstündigen Fahrt hielt das Auto an. Vor lauter Angst auszusteigen, riss ich die Ventilation herunter, riss die Sitzbänke heraus und zerfetzte das Gitter zum Führerhaus. Die Reaktion blieb nicht aus. Ein Polizist sprühte Tränengas ins Wageninnere, worauf ich blitzartig mit einem Hechtsprung nach draußen sprang. Ich landete auf meinem Gesicht und meine Augen brannten fürchterlich. Mehrere Polizisten rammten mir ihre Stiefel in die Rippen. Mit Schlagstöcken schlugen sie mir auf den Kopf. Ich hatte große Schmerzen, dann wurde ich ohnmächtig.

Als ich erwachte, war in der psychiatrischen Klinik. Ein Arzt nähte gerade meine Wunden. Viel ist mir von dieser Abteilung nicht mehr bewusst. An der Türe standen immer zwei Polizisten. Ich wollte nach Hause. Ich wollte in die „Burg". Eines Tages riss ich die Toilette aus dem Boden und alle Rohre von der Wand, sodass das Wasser in alle Richtungen spritzte. Hinter meinem Rücken bemerkte ich einen Mann, dann spürte ich die Spritze.

Es war wunderschön warm. Das Licht war extrem hell, aber blendete mich nicht. Um mich sehr schöne und warme Farben. Ein Gefühl der totalen Zufriedenheit, der vollkommene Zustand!

Plötzlich bin ich aufgeschossen und wurde jäh aus diesem Zustand gerissen. Vor mir stand Paula. An ihrer Seite zwei Ärzte oder Mitglieder der Rettungsflugwacht. Ich habe Paula umarmt und geweint. Erst dachte ich, sie sei ein Engel. Sie sagte, ich hätte nicht mehr geatmet.

Es dauerte etwa eine Woche, bis ich transportfähig war. Da ich ständig Möbel demolierte, bekam ich eine Überdosis der stärksten Medikamente. Um von den Ärzten auf einen Linienflug mitgenommen zu werden, musste ich aber beförderbar sein, so lautete eine der Bedingungen. Heute erinnere ich mich nur noch, dass ich am Flughafen ein Feuerzeug kaufte und dass ich im Flugzeug das Essen des Arztes zu meiner Linken auch noch ass. Der ganze Rest ist aus meiner Erinnerung gestrichen. Paula fuhr indessen mit meinem Auto nach Hause.

Endlich wieder zu Hause angekommen, wurde ich sofort in die „Burg" gebracht, wo ich langsam wieder auf den Boden zurückkam. Ich befolgte die Anweisungen und konnte Monate später als geheilt entlassen werden.

# 16. KAPITEL

Ein halbes Jahr später plagte mich immer derselbe Albtraum. Ich fuhr mit dem Auto bergab und die Bremsen versagten. Dann stürzte ich den Berg hinunter. Ich litt im Traum Höllenqualen. Manchmal riss ich alle Bücher aus dem Regal, weil ich die Bremse suchte, und wachte erst auf, als mich meine Mutter weckte. Schweißgebadet realisierte ich dann, dass es nur ein Traum gewesen war.

Dann, ein paar Monate mochten vergangen sein, es war an einem hellen, trockenen Nachmittag, als ich, vom Automechaniker kommend, nach Hause fuhr. Auf der zweispurigen Hauptstrasse fiel mir in zweihundert Meter Entfernung ein Auto auf, das längst aus der Stoppstrasse hätte fahren können, um meine Spuren zu überqueren. Wir zwei waren weit und breit die einzigen Verkehrsteilnehmer an dieser Stelle. Als ich näher kam und der kleine Fiat immer noch wartete, verringerte ich instinktiv das Tempo und wechselte vorsichtshalber auf die linke Spur. Doch als ich mich auf der Höhe des Wagens befand, schoss dieser unvermittelt aus der Strasse ohne Vortritt, genau vor mich. Ich hatte keine Gelegenheit zu bremsen und rammte ihn auf der Seite. Ein riesiger Knall ertönte, mein Auto blieb stehen, das andere drehte sich mehrmals, bis es auch stehen blieb. Dann wurde es still. Noch immer war nirgends ein weiteres Auto zu sehen.

Nach dem ersten Schock rannte ich zum Kleinwagen hin und riss die Tür auf. Im Inneren saßen zwei alte Frauen mit geschlossenen Augen – regungslos. Sie sahen aus, als würden sie schlafen. Blut war keines zu sehen. Nach sehr langer Zeit traf endlich die Polizei ein. Ein Polizist begleitete mich zu seinem Wagen, während er mir einige Fragen stellte. Ich erlebte alles wie durch dicken Nebel. Als ich aus dem Polizeiauto blickte, sah ich, wie ein Mann eine Decke über die Fahrerin legte. Sie war also gestorben. Die Beifahrerin hatte überlebt, doch sie konnte sich nachträglich an nichts mehr erinnern. Ich hatte zwei Rippen gebrochen, doch mit dem Erlebten fertig zu werden, war weitaus schlimmer.

Es kam zu keiner Gerichtsverhandlung, es war klar, dass ich vor dem Gesetz unschuldig war. Auch die Angehörigen der toten Frau machten mir keine Vorwürfe. Sie sagten, dass das Opfer sehr gläubig und der Unfall Gottes Wille gewesen war.
Von da an träumte ich nie mehr diesen Traum.

Ich war wieder bei der Arbeit. Zuerst hatte ich Mühe, wieder hineinzukommen. Doch durch meinen Schwager hatte ich einen Vorteil und ich war sehr dankbar dafür. Dann lernte ich Edith kennen. Sie arbeitete im Zweitgeschäft von Bruno. Wir verliebten uns ineinander. Dadurch fand ich besser in die Arbeit. Es ging mir richtig gut und ich dachte, irgendwann müsste ich doch den letzten Schub erlitten haben. Die Beziehung jedoch war nur von kurzer Dauer.

Einmal gingen Ursula und die Frau von Andreas zusammen in die Ferien, während Bruno, Andreas und ich mit den vier Kindern die Schweiz durchquerten. Es war eine traumhafte und abwechslungsreiche Zeit. Ich fühlte mich ganz normal, keine Spur von übermäßiger Energie oder Schwermütigkeit. Das Schwimmclub-Team war voll in Ordnung.

Anscheinend hatte ich den schweren Autounfall aber noch nicht richtig verarbeitet. Eineinhalb Jahre nach dem Horrortrip bei Barcelona wurde ich wieder eingeliefert, auf die Z3 der „Burg". Wieder musste ich in die Isolierzelle. Auf der Abteilung arbeitete Cindy, eine Pflegerin, die mir von Anfang an gut gefallen hat. Ich erlebte einen unspektakulären Schub und war in der Lage, mich respektvoll zu benehmen. Cindy unternahm mit mir alleine viele Spaziergänge. Wir saßen oft am Seerosenteich und unterhielten uns. Schnell war klar, dass die Zuneigung gegenseitig war. Sie behandelte alle gleich. Für sie war ich nicht unheilbar krank, sondern ein Mensch in einer Krise. Ich fühlte mich sehr ernst genommen. Und ich fühlte mich geliebt. Wie hatte ich das verdient?
Bei der Ärzteschaft wurde so eine Verbindung nicht gern gesehen. Auf dem Z3 war noch ein Maniker. Das bedeutete immer

viel Stress. Er schrieb Cindy Liebesgedichte. Zwei Maniker sind ohnehin schon Konkurrenten, weil keiner einen anderen Chef duldet. Ich musste mich behaupten und mein Revier verteidigen. Trotzdem war das der unproblematischste Aufenthalt, den ich bisher erlebt hatte. Nach den üblichen paar Monaten durfte ich austreten. Auch zu Hause besuchte mich Cindy mehrmals.

# 17. KAPITEL

Der Schwimmclub war um ein Mitglied reicher. Daniel wurde noch aufgenommen. Er malte auch. Wir vereinbarten, sich bei ihm zu treffen, um zu malen. Das haben wir dann auch sieben Jahre gemacht. Bei Daniel gelang mir ein Meisterstück. Es war recht groß und ich habe vier Monate daran gearbeitet. Als es fertig war, habe ich es Dr. Angehrn geschenkt.

In diesem Jahr ist Bernhard gestorben. Wir waren gute Freunde. Ich habe seinen Tod sehr bedauert.

Langsam spürte ich mehr Energie. Eines Tages, als ich dem See entlang fuhr, sah ich ein Sportcoupé, das zu verkaufen war. Es hat mir sehr gut gefallen. Obwohl ich schon ein Auto hatte und wenig Geld besaß, hielt ich an und kaufte es. Ich hatte mir nichts dabei gedacht. Für Dr. Angehrn jedoch war dies Anlass genug, die gehasste Spritze aufzuziehen.

Kam ich denn nie zur Ruhe? Die sich stets wiederholenden Schübe zerrten an meiner Kraft. Jedes Mal baute ich mir wieder etwas auf, um kurz darauf von der Krankheit eingeholt zu werden. Doch ich habe sie ertragen und musste immer wieder bei Null anfangen, und zwar in beruflicher wie in familiärer Hinsicht und auch im Freundeskreis. Viele Kollegen hatte ich dadurch schon verloren, was mich besonders schmerzte, weil ich doch nichts für meine Krankheit konnte.

So kam ich wieder in die „Burg". Dieses Mal erlebte ich einen ambivalenten Zustand, sowohl mit viel Energie als auch mit schweren depressiven Zügen. Ich war aggressiv und traurig. Die melancholische Seite war stärker und doch habe ich unaufhörlich gemalt. Für die Malerei bekam ich in der „Burg" alle Freiheiten. Meine Bilder wurden sogar in der hauseigenen Galerie ausgestellt. Zudem überlegte ich mir, die Kunstgewerbeschule zu besuchen und bestellte schon mal die Unterlagen.

Eines Tages erfuhr ich, dass Tina gestorben sei. Sie hatte ich zusammen mit Bernhard kennengelernt. Sie hatte ein starkes

Alkoholproblem gehabt und war von ihrem Ex-Mann geschlagen worden. Wir drei hatten damals eine gute Zeit in der „Burg" gehabt.

Als Tina und ich ausgetreten waren, wollte ich sie mal besuchen. Doch auf mein Klingeln öffnete niemand. Ich ging in die Wohnung und fand Tina leblos im Wohnzimmer liegen. Sofort rief ich einen Arzt, wofür ich zur nächsten Telefonkabine fahren musste. Dieser alarmierte einen Krankenwagen, welcher Tina mit Blaulicht ins Spital fuhr. Ich fuhr mit und wartete auf den Bericht des Arztes. „Schwere Alkoholvergiftung", lautete seine Diagnose. Wie hatte sie sich nur so betrinken können, wo wir doch ein Treffen abgemacht hatten.

Bernhard und Tina sind sehr jung gestorben. Das hatte ich in den Kliniken oft erlebt.

Als ich eines Tages mit einer leichten Depression in der Sitzgruppe saß, betrat eine junge Frau den Raum. Sie hatte dunkelbraunes Haar mit blonden Strähnen, war nicht sehr groß und hatte ein hübsches Gesicht. Ihr Auftreten wirkte sehr selbstsicher. Sie stellte sich als Susi vor. Mir gefiel sie auf Anhieb.

In den nächsten Tag konnte ich beobachten, dass sie viel Besuch von Männern anderer Abteilungen bekam. Susi schien sehr beliebt zu sein. In längeren Gesprächen erfuhr ich, dass sie Drogenprobleme hatte, welche sie nach etlichen Therapien in den Griff bekam. Zusätzlich litt sie an Bulimie.

Langsam kamen wir uns näher. Zwei andere Mitpatienten zeigten jedoch auch Interesse, was manchmal zu Eifersüchteleien führte. Dem Pflegepersonal war natürlich nicht entgangen, dass wir uns ineinander verliebt hatten, und sie stellten uns den Besucherraum zur Verfügung. Sie waren der Meinung, dass wir uns gegenseitig gut tun würden. Wir haben alles zusammen unternommen. So empfand ich diesen Klinikaufenthalt nicht so schmerzhaft wie die vorangegangenen.

An einem Freitag sagte Susi, sie gehe übers Wochenende mit einer Kollegin an einen Musikanlass im Grünen. Voll Freude wartete ich am Sonntag auf ihre Rückkehr. Sehr spät stürzte sie endlich zur Türe herein, redete mit niemandem und verschwand in ihrem Zimmer. Sofort besuchte ich sie und fand sie weinend auf ihrem Bett. Lange Zeit sagte sie nichts. Nach und nach erfuhr ich, dass sie Drogen genommen und am Konzert im Rausch für Geld mit einem Mann geschlafen hatte.

Ich war geschockt und flüchtete wie gelähmt an den Waldrand, wo ich mich auf einer Bank niederließ. Die Gedanken drehten sich in meinem Kopf. Mir war klar, dass ich die Beziehung beenden musste.

Wieder dauerte mein Aufenthalt ein paar Monate. Schon rund zehn Mal war ich in meinem Leben in einer Klinik gewesen. Fortschritte waren zu erkennen und auch das Verständnis für meine Krankheit wurde größer. Mir wurde klar, dass ich gegen einen mächtigen Gegner kämpfte.

# 18. KAPITEL

Zurück bei der Arbeit machte ich Fortschritte. Ich durfte die Leitung der Qualitätsprüfung übernehmen. Neben mir arbeiteten zwei Männer. Den einen mochte ich sehr gern. Er stand kurz vor seiner Pensionierung und arbeitete gerne. Er kam mir vor wie ein Vater. Die präzisen Aufgaben lagen ihm nicht, doch für Mauerdurchbrüche und die groben Arbeiten, die anstanden, konnte man ihn gut einsetzen. Wir hatten angeregte Diskussionen und ich profitierte von seiner Lebenserfahrung.

An meinem rechten Daumen hatte ich eine Warze, die ich loswerden wollte. Darum nahm er mich an einem regnerischen Tag nach draußen und legte mir eine braune, schleimige Schnecke darauf. Er sagte, dass ich das Schneckensekret eine Viertelstunde einwirken lassen müsse und die Warze werde verschwinden. Ich tat, wie er empfohlen hatte. Nach ein paar Wochen war sie wirklich verschwunden und ist nie mehr gekommen. Manchmal lud er mich auch zu sich nach Hause ein. Ich fühlte mich als Vorgesetzter akzeptiert, ich führte mein Team auf freundschaftliche Art und machte gute Erfahrungen.

Nach einer längeren stabilen Phase fragte mich Paula, ob ich nach Amerika mitkommen wolle. Das musste ich mir nicht lange überlegen. Auf dem Flughafen verabschiedete ich mich von meiner damaligen Freundin. Unsere Reisegruppe bestand aus vierzehn Mitgliedern, von denen ich nur Paula kannte. Ich wusste aber, dass alle regelmäßig spirituelle Seminare bei Paula besuchten und in Amerika ihr Wissen vertiefen wollten. Meine diesbezüglichen Kenntnisse basierten jedoch auf den Krankheitsschüben. Daher kam ich mir ein klein wenig wie ein Fremdkörper vor, freute mich aber auf die Reise und lernte schon mal ein paar Mitreisende näher kennen.

So landeten wir in Neu Mexiko auf der Ghost Ranch. Ich teilte mit Gilles ein Zimmer. Die Ranch lag mitten in der Wüste.

Das Ziel war, Klapperschlangen kennenzulernen und die Wüste zu erkunden, Seminare abzuhalten und die spezielle Natur zu erforschen. Während die anderen sich spirituell weiterbildeten, meditierte ich auf dem Gelände. Auf der Ghost Ranch stieß Paulas Lehrer zu uns. Er war Amerikaner und übernahm die Reiseleitung.

Eines Tages wurde uns ein Indianerhäuptling der Navahos vorgestellt. Wir durften ihm Fragen stellen. So wurde er gefragt, warum die Menschen leiden und ständig kämpfen müssten. Er antwortete: „Ich möchte es mit der Hilfe einer Raupe erklären. Sie verpuppt sich und spinnt zuerst einen Kokon um sich. Bei der Verwandlung zum Schmetterling wird die Hülle zu eng. Daher schlägt der Schmetterling wie wild mit den Flügeln um sich. Er hat einen Todeskampf auszustehen. Durch diesen Kampf werden seine Flügel so gestärkt, dass er später fliegen kann." Diese Metapher fand ich sehr schön und habe sie gleich auf mich bezogen.

Dann reisten wir in eine grüne Gegend in Kalifornien. Gewohnt haben wir auf einer Pfauenfarm. Ich habe die Pfauen skizziert und zu Hause Bilder gemalt. Auch Pascal hatte ich eines geschenkt. Wir gingen reiten und besichtigten einen Wald mit Mammutbäumen. Ich nutzte die Zeit für meine Meditation. Über das Leben nachzudenken und noch etwas mehr zu spüren als das, was man sah und hörte, beherrschte sowieso die Stimmung der ganzen Gruppe.

Zum Abschluss machten wir einen Abstecher nach San Francisco, eine Stadt, die mich sehr fasziniert hat. Ich schwor mir, sie nochmals zu besuchen.

Am Flughafen zu Hause wartete Daniela auf mich. Die ganze Reise hatte mir sehr gut gefallen, ich hatte sehr gute Kontakte geknüpft und war froh, dass mich Paula mitgenommen hatte.

# 19. KAPITEL

Später heiratete Karin. Sie bekam daraufhin zwei Söhne. Ich habe mich für sie gefreut, sie war glücklich.

Im Frühling planten Bruno und ich eine Reise nach München. Wir wollten über das Allgäu fahren und uns Zeit lassen. Bruno fuhr mit seinem Auto. Als wir mitten im Allgäu ankamen, war es schon dunkel. Links und rechts waren Kuhdrähte gespannt, weit und breit nur Wiesen und keine Gebäude. Bruno wurde langsam nervös und sagte: „Wir hätten früher abfahren sollen, jetzt finden wir den Weg nicht mehr."
„Ganz ruhig", erwiderte ich. „Jetzt fährst du noch eine Viertelstunde geradeaus. Dann biegst du rechts ab und nach zehn Minuten kommt ein Wirtshaus. Auf der rechten Seite befindet sich ein Stall. Es gibt da auch etwas zu essen, sie werden die Küche nochmals für uns öffnen."
Ich sah, dass die Tischtücher rot, grün und weiß kariert sein würden und wir ein Doppelzimmer bekommen würden. Ja, sogar die Motive auf den Bildern im Zimmer konnte ich erkennen.
Wieder lief ein Film vor meiner Stirn ab, so wie ich es in Barcelona erlebt hatte. Nur war ich jetzt gesund. Ich fand diese Fähigkeit faszinierend und war froh, dass ich das in einer stabilen Phase erleben durfte.

Endlich hatte ich einmal etwas Luft. Diese Phase, in der ich mich sehr gut fühlte, dauerte rund drei Jahre. Ich konnte meine Stellung bei der Arbeit festigen und meine Freundschaften pflegen. Für meine Mutter und meine Schwestern bedeutete dies auch eine Entlastung.
Schon hoffte ich, meine Krankheit vielleicht besiegt zu haben. Leider war es ein Trugschluss.

Nach relativ langer Zeit, in der ich stabil war, erlitt ich plötzlich einen Rückfall. Bei der Arbeit rief mich mein Vorgesetzter zu sich. Wir saßen am Pausentisch und er redete in einer Art und Weise auf mich ein, die mich aufhorchen ließ. Mir kam so vor, als wolle er mich aufhalten. Nach ein paar Minuten sagte er zu mir: „Du kannst noch abhauen, dein Arzt ist auf dem Weg hierher." Ich entgegnete ihm, dass es sehr fair sei, mich zu informieren und ich seine Warnung zu schätzen wisse. Aber dass ich schon zu oft auf der Flucht gewesen sei und nun nicht mehr davonlaufen möge.

Ich wartete auf meinen Psychiater. Fünf Minuten später traf er ein und eröffnete mir, dass ein Krankenwagen vor dem Haus auf mich warte und dass es für mich das Beste sei, wenn ich kooperiere. Ohne Gegenwehr stieg in den Wagen und ließ mich in die „Burg" fahren.

Später berichteten mir Mitarbeiter, dass sich rund um den Betrieb acht Polizisten postiert hatten. Es war mir sehr unangenehm, dass die Firma involviert gewesen war.

In der „Burg" bezog ich ein Zimmer in der offenen Abteilung. Ich war körperlich fit und fühlte mich recht gut. Sofort lernte ich Ruedi kennen. Er kam geradewegs auf mich zu und fragte mich, ob ich Lust hätte, eine Partie Tischtennis mit ihm zu spielen. Die Bälle flogen meterweit hinter den Tisch und wurden wieder zurückgespielt. Abends kochte Ruedi für uns und wir hatten eine gute Zeit.

Da die Türe geöffnet war, konnte ich ins Freibad, wann immer ich wollte, und nutzte diese Gelegenheit oft.

Die Tochter einer Mitpatientin hatte einen Narren an mir gefressen. Da sie verheiratet war, ließ ich die Finger von ihr. Es war mir auch nicht entgangen, dass ich von der Abteilungsleiterin bevorzugt wurde. Sie gefiel mir auch und ich genoss, dass ich offenbar auf Frauen eine anziehende Wirkung hatte. Abgesehen von übermäßiger Energie war ich noch gut davongekommen.

Zurück an der Arbeit, unterhielten sich meine Mitarbeiter immer noch über meinen spektakulären Abgang. Wieder fing ich stundenweise an zu arbeiten und brauchte Monate, bis ich zur gewohnten Arbeitsleistung zurückfand. Doch meine Arbeit machte mir Spaß. Ich liebte das genaue und exakte Arbeiten. Mit meinen Prüfgeräten konnte ich auf den tausendstel Millimeter genau messen. So konnte ich meine Kenntnisse über technische Zeichnungen einsetzen. Auch wenn ich damals enttäuscht war, den gelernten Beruf aufgeben zu müssen, so war ich mit der Qualitätsprüfung sehr zufrieden.

Seit kurzer Zeit interessierte sich Pascal für das Krishna-Bewusstsein. Er erzählte mir darüber. Ich fand das alles sehr interessant und trat auch bei.

Alsbald lernte ich viele neue Leute kennen und verkehrte auch im Tempel. Dort traf ich auf Krishna Reisa. Er war Mönch und lebte im Tempel. Sofort war ich fasziniert von ihm. Er war ein paar Jahre jünger als ich und hatte großes Wissen in spirituellen Dingen. Er beherrschte das altindische Sanskrit, welches eine fünftausend Jahre alte Sprache sei.

Schon bald freute ich mich immer darauf, Krishna Reisa zu sehen. Mich dürstete danach, etwas zu lernen. Das Ganze kam mir sehr vertraut vor und ich fühlte mich, als ob ich zu Hause angekommen sei. Ich genoss es, etwas über die Menschheitsgeschichte und unsere Zukunft zu hören. Nach meinen Erfahrungen existierte Gott zweifellos und es erschien mir unwesentlich, welcher Glaubensgemeinschaft ich beitreten würde, da sowieso alle das gleiche Ziel hatten. Aber hier im Krishna-Bewusstsein war mir ausgesprochen wohl. Pascal hatte sich in der Zwischenzeit schon beachtliches Wissen angeeignet. Bei ihm zu Hause fand auch die Bhakti Sanga, ein Treffen mit Krishna Reisa und ein paar Interessierten, statt. Daran nahm ich sehr gerne teil. Krishna Reisa hatte ein riesiges Wissen. Er schien omnipräsent zu sein und holte alle Gläubigen an ihrem jeweiligen Ort ab. Er war auch außerhalb des Krishna-Bewusstseins sehr erfahren und ich fühlte mich in Bezug auf meine Krankheit verstanden und unterstützt.

Am Ende des Treffens gab es immer vegetarisches Essen aus dem Tempel. Das war ganz nach meinem Geschmack.

Einmal nahm ich an einem einwöchigen Treffen in Frankreich teil. Schon morgens um vier Uhr trafen sich die Mönche in einem Zelt. Ich liebte es, das Maha Mantra zu rezitieren. Es wurde gesungen und den Göttern wurden Opfergaben dargebracht.

Das Maha Mantra hatte es mir angetan. Für mich war es eine kräftige Form der Meditation. Wenn ich es zuließ, fiel ich in Trance. Für mich bedeutete es eine besonders wirkungsvolle Art zu beten. Ich habe sehr viel von dieser Woche nach Hause genommen. Noch nie hatte ich so viel Spiritualität verspürt. Und ich beschloss, von nun an meine Krankheit gerne zu bekommen und als einen Freund und Ratgeber zu betrachten. Bisher hatte ich sie immer abgelehnt und versucht, sie zu bekämpfen.

# 20. KAPITEL

In diesem Jahr wurde Pascal Vater. Sein Sohn hieß David und ich durfte sein Götti werden, was mich riesig freute. Zu der Zeit war ich gesund und konnte das Baby genießen.

Rebecca, die Abteilungsleiterin der „Burg", welche mich beim letzten Aufenthalt bevorzugt behandelt hatte, meldete sich bei mir. Nach kurzer Zeit kamen wir zusammen. Ihr schien es egal zu sein, was die anderen dachten und ich war mächtig stolz, dass sich eine Abteilungsleiterin in mich verliebte. Ein Maniker hat also auch etwas Faszinierendes an sich. Mit Rebecca führte ich viele Gespräche über die menschliche Psychologie. Sie brachte viel Theorie mit und ich die Praxis.

Dann, nach einem guten Jahr, verspürte ich starke Energie in mir, hatte wirre Ideen und schlief kaum noch. Rebecca ahnte nichts, doch ich verlor immer mehr den Boden unter den Füssen. Seit Kurzem wohnte ich bei ihr. Im Nachhinein war ich sehr enttäuscht darüber, dass eine ausgewiesene Fachkraft wie sie das Unheil nicht kommen sah. Aber Maniker verstehen es sehr gut, ihre Umgebung zu täuschen.

Als ich dann offensichtlich krank war, alarmierte Rebecca die Polizei und ließ mich abführen.

Ich wurde in die „Härte" gebracht. Dort war ich unglaublich kreativ und produktiv. Ich habe sehr viel gemalt und jeden Tag einen Brief an Rebecca geschrieben. Auch auf der Abteilung habe ich gearbeitet, wir mussten verschieden farbige Sichtmappen einpacken. Zur Ärztin hatte ich sehr viel Vertrauen und einen guten Draht.

In der Nähe war ein Gehege mit einem Esel. Ich besuchte ihn jeden Tag, saß jeweils eine Stunde in seiner Nähe und genoss die Ruhe. Die Tiere hatten es mir schon als Kind angetan. Wenn meine Katze neben mir lag und schlief, ein lautes, zufriedenes Schnurren zu hören war, so war das für mich wie der Himmel auf Erden. Die Tiere hatten mir immer so viel gegeben, ohne eine Gegenleistung einzufordern. Wenn sich jemand für die Schöpfung interessiert, so sieht er den Schöpfer. Mir offenbart er sich am deutlichsten in den Tieren und in den Babys.

In jener Zeit hatte ich erfahren, dass mein Bruder Simon, inzwischen Mitte zwanzig, mit seinem Team Karate-Weltmeister geworden war. Das Turnier hatte in Japan stattgefunden. Ich habe mich sehr für ihn gefreut. Als Kind eiferte er mir nach und interessierte sich auch für den Kampfsport. Und nun lebte er meinen Traum, den ich wegen meiner Krankheit nicht erfüllen konnte.

Eines Tages meldete sich Rebecca für einen Besuch an. Ich war schon zwei Monate in der „Härte". Aus den Briefen entnahm ich, dass unsere Freundschaft unter meiner Krankheit gelitten hatte. Trotzdem freute ich mich auf ihren Besuch, zumal sie ankündigte, ihre vierzehnjährige Tochter und ihren Vater mitzubringen. Wir begaben uns in ein Restaurant. Die Tochter hatte mir eine weiße Rose mitgebracht, worüber ich mich sehr freute. Der Vater war sehr offen, ich fühlte mich sofort akzeptiert. Als aber die Serviertochter sagte: „Kevin verdreht hier allen Frauen den Kopf", schoss Rebecca auf und beendete auf der Stelle unsere Beziehung. Ich fühlte mich ungerecht behandelt, sind doch Maniker zu allen charmant und besonders zugänglich.

Nach vier Monaten durfte ich wieder nach Hause.

# 21. KAPITEL

Nach diesem Aufenthalt sollte ich fünf Jahre Ruhe haben. Ich war zunächst sehr stabil. In der Arbeit war ich gefestigt und hatte mir eine gewisse Stellung erarbeitet. Dann musste meine Mutter mit Blinddarmentzündung in das Spital. Ein paar Tage später, als ich sie nach Hause holen wollte, nahm sie mich zur Seite und eröffnete mir behutsam, dass Untersuchungen gemacht worden seien und festgestellt worden sei, dass sie Krebs habe. Geschockt nahm ich meine Mutter in den Arm. Wir redeten uns gut zu und versuchten, positiv zu bleiben. Mutter war sehr tapfer.

Von diesem Moment an stellte ich mich voll und ganz in ihren Dienst. Sie wohnte nun wieder mit mir zusammen. Wir unternahmen sehr viele Spaziergänge und hatten unheimlich offene und sehr persönliche Gespräche. Ich sog sie in mich auf und lebte absolut bewusst, als wäre jeder Moment der letzte.

Jeden Abend betete ich für meine Mutter. Trotzdem verlor sie langsam an Kraft und an Gewicht. Auch Ursula und Karin kümmerten sich liebevoll um sie. Gleichzeitig hat diese schwere Zeit uns Geschwister einander näher gebracht. Für mich war es wertvoll, dass ich mich um Mutter kümmern und ihr so meinen Dank ausdrücken konnte. Sie war der wichtigste Mensch in meinem Leben und ich habe sie über alle Massen geliebt.

Drei Jahre hatte sie nun gekämpft und wurde immer schwächer. Eines Abends, nachdem wir uns Gute Nacht gewünscht hatten, hörte ich Mutter unaufhörlich und lange weinen. Sie, die immer so tapfer war und selten geweint hatte. Ich setzte mich zu ihr auf Bett und tröstete sie. Sie sagte zu mir: „Geh schlafen, Kevin, du musst morgen arbeiten." Im Nachhinein glaube ich, dass sie in dieser Nacht Abschied genommen hat. Kurz darauf musste sie ins Spital eingeliefert werden, weil sie sehr schwach geworden war. Ich indes gab mir Mühe, gesund zu bleiben. So eine schwere Prüfung hatte ich noch nie erlebt, denn ich vermisste meine Mutter sehr.

Einige Wochen habe ich sie im Spital besucht, während es ihr immer schlechter ging. Ich war jeden Tag an ihrem Bett und habe ihre Hand gehalten. Bis sie eines Tages bewusstlos wurde. Der Arzt sagte zu mir, sie hätten alles getan, aber es gebe keine Hoffnung mehr. Tieftraurig traf ich sie so drei lange Wochen nach der Arbeit an. Während ich ihre Hand hielt, betete ich das Maha Mantra mit der Bitte, er möge sie erlösen und heim zu sich nehmen. In diesem Moment machte meine Mutter einen tiefen Atemzug und ihre Hand wurde auf der Stelle kalt.

Ich wusste, Mutter war soeben gestorben. Jetzt ging die Türe auf und Ursula kam rein. Ich sagte ihr, dass Mutter uns für immer verlassen habe. Wir riefen eine Schwester und suchten Mutters Kleider zusammen. Ich hatte ein Gefühl, als wäre Mutter von ihren Qualen erlöst worden. Gleichzeitig war ich froh und dankbar um die recht lange Zeit des Abschieds.

Mutter wurde an ihrem Wohnort beigesetzt. Nun war ich alleine. Mein ganzes Leben hatte mir meine Mutter geholfen.

Ich trauerte ein paar Monate, als sich mein Schmerz mit Energie vermischte. Immer mehr waren meine Sensoren aktiviert. Noch immer war ich bei Dr. Angehrn in der Therapie. Er verabreichte mir mehr Medikamente und bestellte mich einmal pro Woche zu sich. Von ihm hatte ich viel über meine Krankheit gelernt, ja er besuchte sogar einmal meine Mutter zu Hause. Er war früher Chefarzt in der „Burg" gewesen und hatte viel Erfahrung mit meiner Krankheit. Ich hatte Vertrauen zu ihm.

Eines Tages, in einem Geschäft mit Steinen und Edelsteinen, fiel mir ein Stein auf. Er war das Schönste, was ich je gesehen hatte. Er lag hinter einem Glas auf einem bordeauxroten Samtkissen, etwas größer als ein Ei. Auf einem Schild stand „Milleniumsopal, USA". Allerdings haute mich der Preis fast aus den Socken, dennoch wusste ich, dass ich ihn haben musste. Ich rief einen Verkäufer. Ihm bekundete ich mein Interesse und er gab mir Informationen über den Stein. Das sei der größte Opal, den man je gefunden habe. Seinen Namen habe er bekommen, weil man ihn in der Nacht des Jahrtausendwechsels entdeckte. Und es handle sich um den wahrscheinlich schönsten Stein, hörte ich den Verkäufer argumentieren. Nun war es an mir, eine Finte zu überlegen, da meine Bank ja verpflichtet war, Paula zu melden, wenn ich einen größeren Betrag abheben wollte.

An einem schönen Morgen betrat ich – elegant gekleidet – die Bank. Äußerst redegewandt, schaffte ich es, den großen Betrag zu bekommen. Da ich noch ein paar Stunden Zeit bis zum Termin mit Dr. Angehrn verblieben, begab ich mich an den Lieblingsort von meiner Mutter und mir. Dort dachte ich an sie und freute mich auf den Opal.

Nun war ich gespannt, ob mein Arzt beabsichtigte, mich einzuweisen. Denn davon machte ich nämlich den Erwerb des Steines abhängig. Dr. Angehrn wollte mich in einer Woche wiedersehen. Hätte er mir einen Aufenthalt in der Klinik nahe gelegt, hätte ich auf den Stein verzichtet. So aber fuhr ich los und erfüllte mir meinen Traum.

Der Schmerz nach Mutters Tod war so groß, dass ich krank wurde. Rebecca verhinderte aber, dass ich in die „Burg" konnte, und so wurde ich nach „Goldberg" gefahren. Dort war ich noch nie gewesen. Diese Klinik lag oberhalb eines Sees und hatte eine prächtige Aussicht. Sie war umrahmt von einem schönen, grossen Garten. Ich bekam ein Zweierzimmer mit Dusche, was ich vorher noch nie gehabt hatte. Meine starken Energieschübe waren gepaart mit der noch nicht verarbeiteten Trauer.

Mit der Oberärztin verstand ich mich auf Anhieb gut. Einzig mit ihrer Strategie, von Anfang an eine hohe Dosis Medikamente zu verabreichen, um sie dann schnell zu reduzieren, war ich nicht einverstanden. Eines Morgens fühlte ich mich gar nicht gut, ich verlor mein Bewusstsein. Im Krankenwagen erwachte ich wieder. Ich wurde mit Blaulicht ins Spital gefahren, denn ich hatte eine Überdosis Medikamente bekommen. Im Spital wurde ich abermals ohnmächtig und erwachte erst wieder in „Goldberg". Trotzdem verstand ich mich nach wie vor ausgezeichnet mit der Oberärztin. Da Dr. Angehrn in diesen Monaten pensioniert wurde, empfahl sie mir einen Arzt. Sie habe mit ihm studiert und sei überzeugt, dass er sehr gut zu mir passen würde.

Ihrer Meinung nach öffne der Maniker ein Fenster zur Seele. Ich empfand diese Metapher als sehr treffend. Mir war auch so, als begäbe ich mich immer wieder von Neuem in die tiefsten Tiefen meines Ichs. In diesen Momenten der Erkenntnis war ich froh, ja sogar dankbar, diese Erfahrungen zu machen. Wenn ich nur in der Lage wäre, alles selber zu steuern, und ein Ende setzen könnte, wann ich es wollte.

So wurde meine Krankheit immer mehr zu meinem Freund. Und langsam verlor ich die Angst vor ihr.

Ursula, Karin und Thomas waren bei mir zu Besuch. Wir gingen miteinander essen. Ursula gelang es mit überzeugenden Argumenten, mich dazu zu bewegen, den Opal zurückzugeben. Doch das Edelsteingeschäft wollte ihn nicht zurücknehmen.

Ich befand mich noch in „Goldberg", von wo aus mich Thomas zu einem Anwalt fuhr. Ihm erklärte ich den Sachverhalt, worauf er sagte, wir hätten realistische Chancen, da ich zum Zeitpunkt des Kaufs offensichtlich schon krank gewesen sei. Ich engagierte ihn und war froh um Thomas' Hilfe.

Kurz darauf wurde ich nach einem vierwöchigen Aufenthalt aus „Goldberg" entlassen. So schnell war ich noch nie auf den Boden zurückgekehrt. Als erstes musste ich nun den Stein zurückgeben.

Mein Anwalt hatte einen Vergleich erwirkt, bevor der Fall zu Gericht ging. Er meinte, vor der Strafkammer wären meine Chance geringer. Demzufolge konnte ich den Opal zurückgeben, musste aber die Kosten der beiden Anwälte übernehmen. Der Geschäftsführer argumentierte, er habe unmöglich bemerken können, dass ich krank gewesen war. So war ich nochmals mit einem blauen Auge davongekommen.

# 22. KAPITEL

Ich fing wieder zu arbeiten an und war froh, dass ich immer wieder an meinen Arbeitsplatz zurückkehren durfte. Während meiner Abwesenheit half jeweils mein Vorgesetzter aus oder er hatte Hilfe von anderen Mitarbeitern. Manchmal übernahm auch ein neuer Mann meine Arbeit. Doch egal, wie lange ich weg war, immer bekam ich wieder meine Arbeit. Dafür war ich sehr dankbar: Gehörte doch diese Tätigkeit dazu, um mir Stabilität zu ermöglichen.

Als ein Qualitätsmanagement-System eingeführt wurde, bekam ich eine wichtige Funktion. Die Einführung dauerte einige Jahre und ich fiel mitten in der Arbeit aus. Doch nach meinem Aufenthalt in der Klinik durfte ich weitermachen. Die Firma war maßgeblich beteiligt, dass ich ein gesundes Selbstbewusstsein entwickeln konnte und in gesunden Jahren Selbstvertrauen gewann. Das Geschäft war mit den Jahren kleiner geworden. Ich arbeitete nun seit sechzehn Jahren dort.

In diesem Jahr war Gianni gestorben. Er war sechsundachtzig Jahre alt geworden und hatte den Tod meiner Mutter nicht überwunden. Er sagte, dass für ihn ein Leben ohne sie keinen Wert habe. Mir hat er sehr gefehlt, er hatte mir in meiner Kindheit den Vater ersetzt. Und während der ersten Klinikaufenthalte durfte ich an den Wochenenden bei ihm wohnen.

Zwei Jahre später erlebte ich einen besonders heftigen Schub. Ich hatte drei Wochen nicht mehr geschlafen. Am Tag arbeitete ich und in der Nacht habe ich gemalt. In einer Nacht habe ich drei wirklich sehr aussagekräftige Bilder für Bruno gemalt. Die Kraft schien mir nicht auszugehen. Bis ich an einem Sonntag einen Zusammenbruch hatte. Ich war bei Ursula. Sie informierte meinen Arzt, welcher mich mit dem Krankenwagen abholte und in die „Burg" fuhr. Ich sah das natürlich nicht ein und wollte wieder hinaus. Mit Hilfe von sechzehn Pflegern verabreichten sie mir die Zwangsspritze. In der Folge schlief ich sehr lange und wachte in der Isolierzelle auf. Da hörte ich kein Geräusch und mir war völlig unbekannt, wie spät es war. Diese Isolation war fast unerträglich. Als die Türe aufging, war mein Wille gebrochen, und ich tat, was immer sie von mir verlangten.

Später wurde ich entlassen, doch ich war immer noch ruhelos und geschäftig. Ich trieb mich im Bahnhof herum und lebte wieder in der Nacht. Nur jetzt nicht allein zu Hause sein, sondern in Lokalen, welche die ganze Nacht geöffnet hatten. Trotzdem begab ich mich in gefährliche Situationen.

Einmal legte ich mich mit dem Chef der Hells Angels des Nachbarkantons an. Er war betrunken. Es gab ein Handgemenge, bis der Wirt den Rocker aus dem Lokal warf. Ich hatte Glück, dass ich ihn alleine angetroffen hatte. Jeden Morgen ab vier Uhr gab es Schlägereien im Lokal. Ich machte nie mit, obwohl ich mich auf den gelernten Kampfsport verlassen konnte.

Weil ich meinen Schlüssel verloren hatte, schlug ich zu Hause die Türe ein. Es war nachts um drei. Die „Burg" war somit vorprogrammiert. Ich war gerade mal zwei Wochen draußen gewesen.

Eines Tages rief Ursula an und teilte mir mit, dass Margrit gestorben sei. Ich musste weinen. Sie war unsere gute Seele gewesen. Ich hatte ihr so viel zu verdanken. Ursula sagte, sie sei eingeschlafen und nicht mehr erwacht. Sie hatte ein schönes Alter erreicht.

Auf der Abteilung war ein Patient, vor dem ich Angst hatte. Ein Pfleger wurde darauf aufmerksam und führte ein langes Gespräch mit uns beiden. Das wirkte Wunder und fortan waren wir gute Freunde. Ich durfte sogar ein paar CDs aus seiner reichhaltigen Sammlung aussuchen. Da ich immer noch auf Hard Rock stand, entschied ich mich unter anderem für „Iron Maiden".

Nach ungefähr einem halben Jahr eröffnete mir die Oberärztin, dass sie mit mir nicht weiterkomme und mich deshalb in die „Grenze" überweisen würde. Ich war geschockt. Blitzartig waren alle negativen Erinnerungen an den Hochsicherheitstrakt gegenwärtig. Das würde ich nicht nochmals durchstehen. In der „Grenze" war ich depressiv gewesen und hatte ein halbes Jahr gelitten.

Ich hatte einen Platz in der Tagesklinik reserviert. So lange musste ich noch ausharren. Der Oberarzt sagte zu mir: „Wann können wir Sie endlich entlassen, Herr Hauser?"

Somit war bis anhin mein letzter Klinikaufenthalt beendet. Sollte ich fortan mit meiner Krankheit umgehen können? Bekam ich die Gelegenheit, ein normales Leben zu führen?

Nun bin ich schon im siebten Jahr ohne Zwischenfall. Ich sitze am Küchentisch und blicke auf eine Zeit zurück, in der ich Gelegenheit bekam, gesund zu werden und ein glückliches Leben zu führen. Von unendlicher Dankbarkeit erfüllt, lasse ich die interessanten Begebenheiten und bereichernden Erkenntnisse Revue passieren. Mir geht es gut, jedoch liegt mir das Schicksal von Menschen mit manisch-depressiver Erkrankung sehr am Herzen. Mich hätte sie fast umgebracht. Allerdings bin ich heute nur deshalb so, wie ich bin, weil ich diesen Weg gehen musste.

Die Malerei ist immer noch eine Leidenschaft von mir. Während der Krankheit habe ich exzessiv gemalt. Im letzten Schub arbeitete ich für eine Ausstellung, einen Gewölbekeller hatte ich dafür schon reservieren lassen. Um die Leinwände, Farben und Pinsel günstiger zu bekommen, handelte ich mit einem Farbenfachgeschäft Sonderkonditionen aus. Doch die Bilder habe ich an Menschen, die gut zu mir waren, mir Gesellschaft leisteten oder mich zum Essen einluden, verschenkt.

Vor drei Jahren bin ich umgezogen und bewohne nun mit meiner Katze eine schöne Wohnung, wo es mir sehr wohl ist. Die Katze ist für mich ein großes Geschenk.

Noch dieses Jahr kann ich an meiner Arbeitsstelle das fünfundzwanzigste Jubiläum feiern. Seit zwanzig Jahren habe ich denselben Chef, der es sehr gut mit mir meint. Mir gefällt meine Arbeit und ich konnte in den letzten Jahren mit den anderen mithalten.

Was meine Vorahnungen anbelangt, habe ich erst letzthin zwei Geschenke erraten, die mir eine Freundin schenken wollte. Sogar Details konnte ich erkennen, ohne das Päckli vorher gesehen zu haben. Diese Fähigkeit ist eine Bereicherung für mein Leben.

Seit dem Aufenthalt in der Tagesklinik spiele ich mit Kurt einmal die Woche Schach. Es ist zurzeit mein liebstes Hobby und es stärkt mein Gedächtnis, was ich für meine Arbeit gut gebrauchen kann. Kurt, den ich in der Klinik kennenlernte, ist mir in der Zwischenzeit ein guter Freund geworden.

Bis vor einem Jahr ging ich mit Ursulas Hundeweibchen spazieren. Sie ist nun schon eine alte Dame und ich bin sozusagen ihr Götti. Mir haben die Spaziergänge über einundhalb Jahr sehr gut getan. Den Wald während allen Jahreszeiten zu erleben und gleichzeitig etwas Gutes für den Hund und für meine Gesundheit zu tun, hat mich tief erfüllt.

Während anderthalb Jahren ging ich zu Pascal in die Gitarrenstunde. Pascal ist immer noch mein bester und treuster Freund. Mit ihm und Paula kann ich meinen Wissensdurst im Bereich Spiritualität stillen.

Mit Hingabe rezitiere ich jeden Tag das Maha Mantra. Dieses Ritual hat es mir angetan und ich erreiche dadurch tiefe Befriedigung.

Fragen wie: „Woher komme ich, wohin gehe ich, wer bin ich? Wozu dieses unermesslich große, klar strukturierte Universum, wenn wir doch nur gerade einen Planeten bewohnen?

Und werden wir den Schöpfer all dessen je zu Gesicht bekommen?", treiben mich an.

Mit Freude und Genugtuung schaue ich nach vorne, aufmerksam und mit offenen Augen und bin zutiefst dankbar, dass ich die Kraft und die Ausdauer bekommen habe, den langen Weg zum Licht zu suchen – und zu gehen.

# DANK

Ich bedanke mich bei meiner Mutter, meinen Schwestern und allen Freunden, die mich die ganze Zeit unterstützt und begleitet haben und immer noch begleiten.

# Bewerten Sie dieses Buch auf unserer Homepage!

www.novumverlag.com

# Der Autor

Der Autor Kevin Hauser wurde 1964 in der Schweiz geboren und wuchs als begabter Schüler und Jugendlicher auf. Gegen Ende seiner Ausbildung erkrankte er an Bipolarität. Im Buch beschreibt er seine erstaunlichen Erfahrungen während akuter Schübe und wie er seinen Leidensweg überwunden hat.

**novum** VERLAG FÜR NEUAUTOREN

# Der Verlag

„ *Wer aufhört besser zu werden, hat aufgehört gut zu sein!*

Basierend auf diesem Motto ist es dem novum Verlag ein Anliegen neue Manuskripte aufzuspüren, zu veröffentlichen und deren Autoren langfristig zu fördern. Mittlerweile gilt der 1997 gegründete und mehrfach prämierte Verlag als Spezialist für Neuautoren in Deutschland, Österreich und der Schweiz.

**Für jedes neue Manuskript wird innerhalb weniger Wochen eine kostenfreie, unverbindliche Lektorats-Prüfung erstellt.**

Weitere Informationen zum Verlag und seinen Büchern finden Sie im Internet unter:

www.novumverlag.com